Aus dem Programm Huber: Psychologie Sachbuch

Daniel Wilk

Autogenes Training

Ruhe und Gelassenheit lernen

Zweite, völlig überarbeitete und ergänzte Auflage

Verlag Hans Huber
Bern • Göttingen • Toronto • Seattle

Adresse des Autors:

Daniel Wilk
Rehabilitationsklinik Sinnighofen
Im Sinnighofen 4
D-79189 Bad Krozingen

Der Autor ist Diplom Psychologe und als Psychologischer Psychotherapeut in Klientenzentrierter Psychotherapie (GwG) und Hypnotherapie (M.E.G.) ausgebildet. Seit vielen Jahren verwendet er die Entspannung als wesentliches Element in psychotherapeutischen Gesprächen und lehrt das Autogene Training in Gruppen- und Einzelsitzungen. Er ist anerkannter Ausbilder für das Autogene Training.

Die Deutsche Bibliothek – CIP-Einheitsaufnahme
Wilk, Daniel:
Autogenes Training : Ruhe und Gelassenheit lernen / Daniel Wilk. –
2., völlig überarb. und erg. Aufl. – Bern ; Göttingen ; Toronto ; Seattle : Huber, 1999
(Aus dem Programm Huber: Psychologie-Sachbuch)
ISBN 3-456-83236-2

1. Auflage 1999

Satz: Max Muff AG, Lugano
Druck: AZ Druck und Datentechnik, Kempten
Printed in Germany

Inhalt

B
Die Übungen

C
Die Anwendung im Alltag

Der menschliche Körper, mit sich selbst im Frieden,
ist kostbarer als der seltenste Edelstein.
Halte deinen Körper in Ehren, nur dieses Mal ist er dein.

Die menschliche Erscheinungsform
wird mit Schwierigkeit gewonnen,
und leicht ist sie verloren.
Alle weltlichen Dinge sind von kurzer Dauer,
gleich einem Blitz am Himmel.
Dieses Leben mußt du verstehen
als das leise Auftreffen eines Regentropfens,
ein Ding aus Schönheit, das vergeht,
schon während es entsteht.
Daher setz dir dein Ziel
und nutze Tag und Nacht, es zu erreichen.

Tsongkhapa (tibetischer Gelehrter, 1357–1419)

Überblick

Autogenes Training (im folgenden oft mit «AT» abgekürzt) ist für jemanden, der noch kein Entspannungsverfahren erlernt hat, zunächst einmal eine Möglichkeit, den eigenen Körper besser kennenzulernen und bewußt eine Entspannung herbeizuführen. Die Sensibilität für die Vorgänge im Körper und für die eigenen Gefühle wird während der Übungen zunehmend gesteigert. Die Fähigkeit, den ganzen Körper und auch einzelne Muskelgruppen gezielt zu entspannen, nimmt von Übung zu Übung zu. Ein weiteres anfängliches Ziel ist es, eine «Entkrampfung» der Gedanken und Gefühle zu erreichen.

Diese Wirkungen werden sich innerhalb der ersten Trainingswochen zunehmend deutlicher zeigen. Weitere, fortgeschrittene Ziele sind dann eine zuverlässige Entspannung im körperlichen und psychischen Bereich auch unter schwierigen Bedingungen, die Möglichkeit, die eigene Gesundheit auch auf einzelne Organe bezogen entscheidend zu verbessern, sowie zu Problemen einen Zugang zu erreichen, der neue Lösungswege eröffnet.

Der vorliegende Text richtet sich sowohl an zukünftige Kursleiter, als auch an Menschen, die das AT lernen möchten. Dabei soll die recht zahlreiche Literaturliste zum Autogenen Training nicht lediglich verlängert werden. Aus der täglichen Anwendung heraus möchte ich versuchen, Wissen zu vermitteln, das das Verständnis für das AT und die Motivation zu konsequenter Übung fördert. Durch die Beschreibung von häufig auftretenden Schwierigkeiten können Unsicherheiten vermieden sowie die Kompetenz von zukünftigen Kursleitern im Umgang mit Fragen der Teilnehmer erweitert werden.

Seitdem ich Autogenes Training lehre, hat sich für mich die Frage der Effektivität meiner Arbeit gestellt. In den Kursen sind immer wieder Teilnehmer gewesen, die schon andere Kurse besucht hatten – oft ohne Erfolg. In den Gesprächen über die Gründe für mangelnde oder fehlende Wirksamkeit wurde mir zunehmend klarer, daß die wirkenden Prozesse nicht immer ausreichend berücksichtigt werden. Um dieser Erkenntnis Rechnung zu tragen, lege ich einerseits besonders viel Wert darauf, den Sinn der häufigen Übung zu erklären, nämlich die Entstehung und feste Etablierung von Reflexen, die dann mit hoher Zuverlässigkeit auch unter schwierigen Bedingungen die Entspannung herbeiführen. In diesem Sinne ist es mir wichtig, zu verdeutlichen, wie eng die erwarteten Reaktionen mit der Häufigkeit des Übens auf der einen Seite und den dadurch hervorgerufenen körperlichen Reaktionen auf der anderen Seite verwoben sind – weitgehend unabhängig von der persönlichen Einstellung. Andererseits hebe ich besonders hervor, wie wichtig die Einhaltung bestimmter Voraussetzungen ist, damit die Übungsbedingungen möglichst optimal sind. Schließlich habe ich versucht, praxisnahe Wege aufzuzeigen, auf denen die Hindernisse überwunden werden können, die am häufigsten auftreten.

Das erste Kapitel befaßt sich unter anderem mit den Voraussetzungen, den Zielen und den Wirkungen des AT. Der in Kapitel zwei erläuterte Begriff des erworbenen Reflexes soll der Mittelpunkt meiner Erklärungsversuche für Sinn und Wirksamkeit der täglichen Übungen sein.

Physiologische Prozesse und ihre Beziehungen zu psychischen Komponenten sind Thema des dritten Kapitels. Die Anleitung zum Erlernen des Verfahrens finden Sie in Kapitel vier. Dort werden auch die für das Erlernen günstigsten Bedingungen dargestellt. Kapitel fünf beschreibt die Formeln im Einzelnen. Formelhafte Vorsätze als Aufbaumöglichkeit finden sich in Kapitel sechs. In Kapitel sieben werden mögliche Schwierigkeiten beim Umgang mit dem AT geschildert. Wie nach Ende eines Kurses das weitere Üben und die Anwendung in der Praxis aussehen sollte, beschreibt das achte Kapitel. Das neunte Kapitel zeigt Verbindungen zur Hypnose auf. Schließlich befaßt sich das zehnte Kapitel mit Phantasiereisen, mit deren Hilfe dem Bewußtsein neue Fenster in die eigene Vorstellungswelt geöffnet werden.

Um einem Ermüdungseffekt wegen zuviel Lesestoffs vorzubeugen, habe ich versucht, nur so viel wie nötig zu schreiben. Es liegt mir daran, die Theorie in dieser Anleitung auf jenes Maß zu beschränken, das mir für das Verständnis der Methode unumgänglich scheint.

Es gibt inzwischen einige Versuche, Leserinnen und Leser in Büchern gleichermaßen anzusprechen (Leser/Innen, Leser/innen und ähnlich). Im Interesse einer möglichst flüssigen Lesbarkeit verzichte ich auf eine solche Schreibart und halte mich statt dessen an die auch im Sprachgebrauch übliche Form – selbstverständlich ohne dadurch den Leser der Leserin auf irgendeine Weise vorziehen zu wollen.

A Voraussetzungen

1. Allgemeine Voraussetzungen

Der Berliner Mediziner Professor I. H. Schultz entwickelte in den Zwanziger Jahren das Autogene Training. Es ist inzwischen eines der am meisten verwendeten und erforschten Entspannungsverfahren in Europa geworden.

Ausgangspunkt waren seine Forschungsarbeiten mit hypnotisierten Studenten, in denen bestimmte körperliche Veränderungen als Folge tiefer Ruhe offenbar wurden. Diese Begleitphänomene der Entspannung ließ Schultz in Sätze einfließen, die selbständig regelmäßig geübt werden sollten.

Die so entwickelten «Formeln» führen – immer wieder angewandt – zu einer zuverlässig erreichbaren Entspannung. Sie nutzen Körpervorgänge, die in jeder Entspannung ablaufen, unabhängig davon, wie die Entspannung zustande gekommen ist.

Es ist nicht wesentlich, ob die Ruhe sich durch schöne Musik, ein langweiliges Buch, Autogenes Training, Meditation, Yoga, Progressive Muskelrelaxation, durch das allabendliche Zu-Bett-gehen oder durch die lebhafte Erinnerung an einen im Urlaub erlebten schönen Sonnenuntergang einstellt. In jeder Entspannung fühlt der Körper sich **schwer** und **warm** an, die **Atmung fließt ruhig und gleichmäßig**, das **Herz schlägt regelmäßig und ruhig**, der **Bauch ist warm**, die **Stirn eher kühl**.

Diese Erscheinungen beachten wir selten bewußt. Dennoch sind sie – mehr oder weniger stark ausgeprägt – in jeder Entspannung enthalten.

Durch ein Trainieren unter Verwendung der bewußten Wahrnehmung dieser Phänomene können Reflexe ausgebildet werden, die zu einer zuverlässigen Verfügbarkeit der Entspannung führen – auch unter schwierigen Bedingungen.

Autogenes Training besteht also aus wenigen Formeln, die nach und nach erlernt werden. Sie lenken die Aufmerksamkeit im Wesentlichen auf die genannten Körpervorgänge, die infolge der Entspannung auftreten. Durch konsequente Übung und Beachtung der notwendigen Voraussetzungen werden die gewünschten Effekte eintreten.

Im AT, so wie ich es hier beschreibe, werden die Formeln in einer festgelegten Reihenfolge nacheinander erlernt. Diese Reihenfolge wird beim weiteren Trainieren beibehalten.

1.1 Warum nicht ein anderes Entspannungsverfahren?

Es wäre sicherlich vermessen, das AT als das beste aller Verfahren zu bezeichnen, die eine Entspannung herbeiführen können. Welches Verfahren vom Einzelnen am leichtesten erlernt wird, ist auch eine Frage des Hintergrunds, auf den die im Verfahren enthaltenen Vorstellungen aufbauen.

So ist anzunehmen, daß ein streng gläubiger Inder aus der Kultur heraus, in der er aufgewachsen ist, eine größere Nähe zum und mehr Verständnis für **Yoga** hat. Der Yoga ist nicht eigentlich ein Entspannungsverfahren. Die Entspannung ist nur ein Schritt zur Erreichung der absoluten Freiheit, die mit der Anwendung des Yoga letztendlich angestrebt wird (Eliade).

Menschen, die wenig Gefühl für ihren Körper haben und vielleicht auch noch dazu neigen, lieber in körperlicher Aktivität so etwas wie psychische Entspannung zu finden, sind vielleicht eher mit der **Progressiven Relaxation** nach Jacobson zu einer Entspannung zu leiten. In diesem Verfahren wird über stufenweise Anspannung und Entspannung verschiedener Muskelgruppen eine Lösung der muskulären Spannung erreicht. Im weiteren Verlauf wird in der «Vergegenwärtigung» (Douglas & Borkovec) letztendlich eine hoch differenzierte Entspannung auch einzelner Muskeln ohne vorherige Anspannung angestrebt. An dieser Stelle gibt es eine starke Überschneidung mit einem Ziel des Autogenen Trainings, nämlich eine so hohe Bewußtheit für Spannungszustände zu erreichen, daß praktisch jederzeit eine Reduktion der Spannung möglich ist – und zwar auch gezielt in einzelnen Muskelgruppen. Aber bevor dieser Zustand erreicht ist, ist viel Anspannung und Entspannung zu leisten, die nicht unauffällig vollzogen werden kann. Dadurch schränken sich die Übungsmöglichkeiten stark ein.

Meditationen sind weit weniger konkret als die Progressive Relaxation. Sie verlangen von vorneherein eine Konzentration auf das eigene geistige Erleben. Die Aufmerksamkeit soll im Jetzt, in der Gegenwart verankert werden (Borysenko).

Denkbar wäre auch, einem Menschen, der ängstlich auf sein angespanntes Atemverhalten achtet, zunächst mit einem auf seine **Atmung** bezogenen Verfahren ein Gefühl der Kontrollierbarkeit zu vermitteln, das letztendlich auch zum Loslassen führen soll.

Aber auch für Menschen, die schon ein anderes Verfahren erlernt haben, ist das AT eine mögliche Methode, Ruhe herbeizuführen oder zu vertiefen – sowohl als Alternative, als auch als Kombination oder Erweiterung.

Unsere Art zu leben hat mit Yoga und Meditation recht wenig zu tun. Die ganze religiöse Einbindung des Yoga ist den meisten von uns fremd. Die Beschränkung unserer Aufmerksamkeit auf Gegenwart und innere Achtsamkeit fällt uns schwer, leben wir mit unseren Gedanken in jedem Moment doch meist mehr in unseren Zielen in der Zukunft, als in dem, was wir gerade tun. Zwar schließt das eine teilweise Nutzung der Methode nicht aus, schränkt jedoch ihren praktischen Wert und unser Verständnis wesentlich ein. Ich halte das Autogene Training für einen wertvollen Zwischenschritt, der den Weg in das fremde Land der Meditation oder des Yoga erschließen hilft. Wer sich mit dem AT beschäftigt, erkennt schnell, daß es uns in unserer Art zu leben abholt, ohne unsere Sicht der Welt zu verändern. Es entstand auf unserem kulturellen Hintergrund. Völlig unabhängig von jedem Glauben beschränkt es sich auf die Wahrnehmung von in jeder Entspannung vorhandenen Körpervorgängen. So können wir – ohne unsere Glaubensinhalte anzutasten – die Möglichkeiten des AT innerhalb unserer Bilder von den Funktionen des Körpers nutzen.

Ein weiteres wichtiges Argument für das AT ist seine unauffällige Anwendbarkeit. Im Vergleich mit anderen Methoden kann das AT in Teilbereichen nahezu zu jeder Zeit und völlig ohne Hilfsmittel eingesetzt werden.

Unabhängig davon, welches Verfahren erlernt wird, erschafft jedes eine Voraussetzung, die das Erlernen eines anderen Verfahrens grundsätzlich ganz wesentlich begünstigt. Nach einer gewissen Zeit der Anwendung ist eine Trennung zwischen den Ergebnissen verschiedener Verfahren nicht mehr sehr sinnvoll. Anscheinend mündet jedes Verfahren – zumindest auf einer Zwischenstufe – in eine tiefe innere Ruhe, die zum Schlaf führen kann, aber nicht muß, in eine überraschend große Beeinflußbarkeit vieler unbewußt ablaufender Prozesse und eine hohe Sensibilität für Spannungszustände und deren Reduktion innerhalb von Sekunden. Nach einigen Wochen des Trainings ähnelt der subjektiv empfundene Zustand schließlich dem, der auch durch eine Autohypnose erreicht wird.

1.2 Wozu Autogenes Training?

Sinn eines Entspannungsverfahrens

In den Kursen wird von einzelnen Teilnehmern nach der ersten Erfahrung mit dem AT hin und wieder erstaunt berichtet, das was sie nun unter dem Namen «Autogenes Training» kennengelernt haben, hätten sie schon seit langem regelmäßig angewendet. Nach genauem Hinhören stellt sich bei denjenigen, die bisher keinen Kurs für Entspannungsverfahren besucht haben, heraus, daß nicht das AT gemeint ist. Vielmehr legen sie sich – zumeist nach dem Mittagessen – auf ihr Sofa oder Bett und entspannen, indem sie ihre Aufmerksamkeit auf positiv-assoziierte Bilder oder aber auf bestimmte Körperempfindungen lenken. Bilder in diesem Sinne sind oft Urlaubserinnerungen oder Phantasien harmonischer Erlebnisse oder Orte.

Solche Entspannungen mit Hilfe der Vorstellungskraft sind sehr zu befürworten und bereiten auf einen Entspannungskurs vor. Diese Teilnehmer sind schon sensibilisiert für ihren Körper und für den positiven Umgang mit ihm. Deshalb gelingt es ihnen schneller und auch umfassender, die im AT angesprochenen Empfindungen zu spüren. Sie sind auch sicherlich während des Kurses oder nach Kursende besser vorbereitet, um eigene, persönlich stimmige Vorstellungen zu finden, die das spätere Üben bedeutend optimieren können.

Allerdings fehlt bei dieser Art der Entspannung das, was ich als einen der wichtigsten Gründe für das Erlernen eines Entspannungsverfahrens überhaupt ansehe: die Anwendbarkeit in schwierigen Situationen des Alltags. Sie ergibt sich im AT in erster Linie aus der Einübung und stabilen Etablierung von Reflexen, die für ein zuverlässiges Funktionieren der erwünschten Reaktionen sorgen. Im Entspannen ohne spezielle Anleitung mögen solche Konditionierungen zwar auch stattfinden, doch ist das sicherlich nicht die Regel. Und wenn sie doch eingeübt werden, so sind sie meist eher schwach ausgebildet. Als Voraussetzung für die Entstehung von Reflexen ist eine möglichst regelmäßige Übung immer gleicher Inhalte unabdingbar. Sind die Inhalte der Vorstellungen dagegen wechselnd, so kann sich keine feste Verbindung zwischen tiefer Ruhe und einem Bild, einer Erinnerung oder einem Empfinden einstellen.

Ein Ergebnis der Einübung von Reflexen ist die Sicherheit, immer dann, wenn Sie es dringend brauchen, mit der gewohnten Methode schnell in einen Zustand der Ruhe zu kommen. Die tägliche Entspannung nach dem Mittagessen dagegen mag im Alltag zwar in ihrem Rahmen zuverlässig genug sein, um ohne Störfaktoren in den Schlaf zu führen, in schwierigen Situationen jedoch fehlt die Sicherheit, mit der ein gut etablierter Reflex nun einmal auf seinen Reiz hin die zu ihm gehörende Reaktion zeigt. Um eine sicher erreichbare Umschaltung in eine tiefe Gelassenheit zu erlangen, ist es wichtig, das Loslassen jeglicher Aktivität anzustreben. Meist fällt es uns schwer, etwas zu wollen und es im Nichts-Tun zu finden. Geduld ist dazu wichtig und zumindest anfangs die Bereitschaft, das Fehlen großer Erfolge zu tolerieren.

1.3 Die Bedeutung des Glaubens

Es kommt immer wieder vor, daß das AT von Teilnehmern abgelehnt wird, weil sie nicht an seine Wirksamkeit glauben.

So hörte ich anfangs häufig, daß es nötig sei, daran zu glauben, damit es wirke. Dagegen war bald festzustellen, daß ein Glaube zwar helfen kann, indem er entspannend wirkt und so manche mentale Barriere gar nicht entstehen läßt. Aber dieser

Glaube ist keineswegs eine unbedingte Voraussetzung. Vielmehr habe ich im Lauf der vielen Kurse die Teilnehmer schätzen gelernt, die mit größerer Skepsis anfangen, sich aber von der Plausibilität der Zusammenhänge und ihren eigenen Erfahrungen überzeugen lassen und zu staunenden, manchmal begeisterten Anwendern des Verfahrens werden.

Der Einfluß des Glaubens auf das Autogene Training kann zusammengefaßt werden:

Wenn Sie an das Verfahren glauben, es aber nicht anwenden, werden Sie keine Wirkung spüren. Üben Sie dagegen in der beschriebenen Weise, werden Sie es erlernen, auch wenn Sie an einen Erfolg nicht glauben.

Anderen verbietet ihr religiöser Glaube die Teilnahme an solch einer «Bewußtseinsveränderung». Sie befürchten eine Beeinflussung ihres Gedankengutes in einer Weise, die ihrem Seelenheil gefährlich werden könnte. Manche Glaubensgemeinschaften untersagen ihren Mitgliedern denn auch jegliche Beschäftigung mit derartigen Techniken.

Tatsächlich verändert das AT in keiner Weise irgendwelche religiösen Inhalte. Der Sinn des hier beschriebenen Verfahrens besteht gerade nicht in der Beeinflussung des religiösen Bewußtseins. Die Anwendung des AT führt im Gegenteil eher hin zu einer lebensbejahenden, der Natur – und somit der Schöpfung – zugewandten Einstellung.

Allerdings werden durch die vermehrte Ruhe Persönlichkeitsanteile gestärkt, die dazu veranlassen können, die Substanz und die Absicht mancher religiöser Vorschriften zu hinterfragen. In diesem Sinne aber könnte der religiöse Glaube nur dann gefährdet werden, wenn er den die Gesundheit fördernden Bedürfnissen des Körpers widersprechen würde.

Ein Beispiel dafür ist das Problem der Abhängigkeit. Manche Glaubensgemeinschaften unterstützen bei ihren Mitgliedern ganz gezielt deren Abhängigkeit von der Gruppe. Hier wird dann auch gesunder kritischer Menschenverstand zum Teil regelrecht unterdrückt. Dagegen wird die enge, unkritische Bindung an die Gemeinschaft als von Gott gewollt deklariert. Das AT fördert aber eine Reduktion der Abhängigkeit, indem der Selbstverwirklichung und der Selbstheilungstendenz des Menschen durch die immerwiederkehrende Ruhe und deren Folgen die Möglichkeit gegeben wird, die eigene Selbstsicherheit zu festigen und auszubauen. So kommt es immer wieder vor, daß ein Mensch sich aus seiner Abhängigkeit löst, nachdem seine Persönlichkeit sich – vielleicht auch mit Hilfe des AT – weiterentwickelt hat und er feststellt, daß die bisher Sicherheit und Geborgenheit vermittelnde Gruppe nun ein Gefühl der Unfreiheit und Einengung hervorruft.

Keineswegs möchte ich behaupten, daß alleine AT einen abhängigen Menschen von einer solchen Bindung befreien kann. Aber es kann sehr viel dazu tun.

1.4 Entspannung als Nährboden für eine gesunde Lebensweise

Ein Kollege bezeichnete vor einiger Zeit das AT als ein «Wunder-Verfahren», das zur Heilung jeglichen Leidens einzusetzen sei. Damals habe ich diese Äußerung als Spott aufgefaßt. Trotzdem näherte er sich damit meiner Einschätzung: Zwar sehe ich Entspannung nicht als ein in jeder Situation anwendbares Allheilmittel, aber in mir hat sich in den Jahren des Umgangs mit dem AT die Überzeugung herausgebildet, daß regelmäßige, möglichst mehrmals täglich hervorgerufene tiefe Entspannung (gleichgültig, ob durch das AT oder durch andere Verfahren induziert) die beste **Voraussetzung** für jegliche Heilungsprozesse im Körper darstellt.

Wir werden von Kindheit an gelehrt, in einer bestimmten Weise mit unserem Körper umzugehen. Dabei wird der Gesundheit nicht die erste Priorität zugewiesen. Wer kennt sie nicht, diese «Elternsätze»: «Jetzt reiß' Dich mal zusammen.» oder «Schaff' erst mal was, jammern kannst Du später.» «Denke nicht daran (an die Beschwerden), arbeite einfach weiter, dann geht es schon vorüber.»

Diese und ähnliche Aufforderungen hören fast alle Kinder von ihren Eltern. Auch wenn wir die Reife zur Selbstbestimmung mit unserem Eintritt in das Erwachsenenalter erreicht haben, ist es nicht anders. Auch dann werden wir immer wieder aufgefordert, den Zielen, die unabhängig von unserer körperlichen und psychischen Integrität existieren, Vorrang einzuräumen vor dem gesunden Funktionieren der eigenen Person.

Lebensziele, die uns als erstrebenswert bezeichnet werden, können sein: die Anhäufung von materiellen Gütern (ein Haus bauen, ein besseres Auto fahren, angepaßte Kleidung tragen, ein finanzielles Polster haben), ein guter Ruf (strebsam, fleißig, erfolgreich im Beruf).

Solche Ziele haben in unserer Lebensplanung einen sehr hohen Stellenwert. Sie werden oft mehr geschätzt als eine gesunde Lebensweise. Gesundheit gilt als selbstverständliche Voraussetzung, Krankheit darf einfach nicht sein, denn sie könnte unsere Ziele, unseren sozialen Status in Frage stellen. Leben in Harmonie mit dem Körper oder gar mit der Natur insgesamt wird als weniger wichtig eingestuft. Menschen, die in unserer sozialen Umgebung den Einklang mit dem gesunden Funktionieren unseres Körpers in unserer natürlichen Umgebung suchen, werden oft als etwas weltfremde Außenseiter betrachtet. Dabei wird völlig mißachtet, daß wir ganz direkt von unserer Gesundheit abhängig sind. Die Gesundheit wiederum ist unmittelbar vom Zustand der Natur und unserer Nahrungsmittel abhängig. Seltsamerweise wird in diesem Punkt der Wissenschaft wenig Glauben geschenkt. Denn im Wesentlichen sind sich die kompetenten Wissenschaftler hier doch einig.

Was aber hat unsere Umwelt mit Autogenem Training zu tun?

Durch die regelmäßige Anwendung eines Entspannungsverfahrens wird sich das Bewußtsein für den eigenen Körper verändern. Rückt der Körper häufiger in den Brennpunkt der Aufmerksamkeit, dann wird er wichtiger. Die Aufmerksamkeit für die eigene Person läßt die Körperfunktionen bewußter werden und sie gewinnen im positiven Sinne an Bedeutung.

Im Alltag denken wir meist nur dann an unseren Körper, wenn er uns Schwierigkeiten bereitet. Wir haben gelernt, daß es so sein muß. Im Mittelpunkt unserer Gedanken stehen andere, oben beschriebene Dinge. Durch häufiges Üben aber vermehrt sich zunächst die Zeit, die wir unserem Körper schenken. Dadurch denken wir mehr über ihn und sein Funktionieren nach und wir spüren uns zunehmend differenzierter. Also nicht als eine Masse, die eben so und so funktioniert, sondern als das Zusammenspiel verschiedener Organe, die sich ganz verschieden anfühlen können. Auf diesem Wege werden auch

Beschwerden und deren mögliche Ursachen wichtiger. Und daraus entwickelt sich ganz natürlich der Wunsch, Beschwerden zu reduzieren.

Durch die während regelmäßiger Übungen entstehende größere Bewußtheit für Körpervorgänge und die möglichen Ursachen für Beschwerden entsteht der Wunsch, den Körper zu schützen. Als Folge kann ein Streben nach harmonischer Eingliederung in die Umgebung entstehen. Mit der Konsequenz, daß weniger gedankenlos Raubbau getrieben wird an körpereigenen und außerhalb des Körpers liegenden Energiequellen und so im Interesse der eigenen Existenz der Ast gepflegt wird, auf dem wir sitzen.

1.5 Körper und Psyche beeinflussen sich gegenseitig

Oft wird eine unreflektierte Zweiteilung in unserer Existenz angenommen. Auf der einen Seite befindet sich der Körper, auf der anderen ein diffuses Gebilde, das meist als Geist oder als Psyche bezeichnet wird. Eine Ortung und Abgrenzung ist konkret gar nicht möglich, weil die Psyche kein organisches Gebilde ist, das «begriffen» oder objektiv betrachtet werden könnte.

Trotzdem wissen wir, daß es in dem konkret sichtbaren und fühlbaren Körper eine Psyche gibt. Beide sind wechselseitig so eng verbunden, daß sie in ihren Wirkungen aufeinander eigentlich gar nicht trennbar sind.

Der Zusammenhang zwischen Psyche und Körper ist so eng, wie nur eben ein Zusammenhang überhaupt vorstellbar ist. Vielleicht könnte man sagen, das eine drückt sich im anderen auf einer andersstofflichen Ebene aus. Dementsprechend unmittelbar wirkt sich eine Veränderung im einen auf den anderen Bereich aus. Obgleich die direkten Einflüsse leicht geleugnet werden können, weil Ursache und Wirkung schwer beobachtbar sind.

Abgesehen von körperlichen Bewegungsabläufen, die eine Aktivierung der Muskulatur, des Kreislaufs und anderer Vorgänge im Körper voraussetzen oder begleiten, wird das Spannungsniveau ständig auch von Gedanken und Gefühlen beeinflußt. Das erkennen wir, wenn wir an jemanden denken, der uns in irgendeiner Form Sorgen bereitet, wenn wir eine ernsthafte Krankheit befürchten oder wenn wir uns auf ein wichtiges ungelöstes Problem konzentrieren. Dann reagiert unser Körper sofort mit allen Anzeichen körperlicher Anspannung. Es steigt nicht nur die Herzfrequenz oder der Blutdruck. Auch die Muskelspannung beispielsweise im Nacken nimmt zu und die Atmung verändert sich. Beobachten Sie sich einmal, wenn Sie die Nachrichten verfolgen, einen spannenden Film sehen oder engagiert an einer Diskussion teilnehmen. Ohne körperlich aktiv zu sein reagiert Ihr Körper mit verschieden intensiver Anspannung. Wenn Sie stark mit dem Wahrgenommenen verbunden sind, dann sind die Veränderungen ausgeprägter, als wenn es sie «kalt läßt».

Spannungszustände sind also nicht nur dann vorhanden, wenn wir körperlich aktiv sind. Auch bei scheinbarer Passivität können belastende Faktoren wirksam sein. Selten sind wir vollständig sorglos. Das betrifft unsere finanzielle, berufliche, gesundheitliche oder familiäre Situation. Auch wenn wir nicht bewußt an diese Themen denken, laufen sie doch «im Hintergrund» ab und haben ihren Einfluß auf unseren Körper und unsere Stimmung. Bei vielen Menschen haben sich diese Sorgen, die uns oft gar nicht bewußt sind, so verdichtet oder angehäuft, daß eine tiefe Entspannung nicht einmal mehr im Schlaf gefunden wird. Die Folge ist ein gestörter Schlaf, nach dem wir uns nicht mehr erholt fühlen und aus dem wir nicht selten durch Alpträume geweckt werden. Nach einiger Zeit beginnt das Energieniveau zu sinken und bestimmte Symptome zeigen die Not auf, in der der Organismus sich befindet. Dazu gehören neben Schlafstörungen auch Ängste und Nervosität, Schmerzen und andere körperliche Symptome. Derartige Störungen des körperlichen Befindens wirken wiederum auf die Psyche beeinträchtigend und vermehren unsere Sorgen.

Spannung braucht Erholung

Wir brauchen ein gewisses Maß an körperlichen Spannungen, um uns wohl zu fühlen und um unseren Alltag zu meistern. Die

Höhe der Anspannung, die uns gut tut, ist abhängig von unserem Befinden und von den Aktivitäten, mit denen wir jeweils beschäftigt sind. Allerdings ist nach einer Anspannungsphase immer eine Lösung der Spannungen notwendig, um gesund zu bleiben und neue Energie zu gewinnen. Auf Spannung sollte also immer auch Entspannung folgen. Wenn das für längere Zeit nicht möglich ist, kommt der Mensch an die Grenzen seiner Leistungsfähigkeit (Hoffmann). Symptome wie Kopfschmerzen, Gereiztheit oder Schlafstörungen zeigen eine beginnende Erschöpfung auf. Reagieren wir darauf nicht mit der nötigen Erholung, kann irgendwann eine körperliche Schädigung die Folge sein.

Im idealen Fall sorgt der Körper dafür, daß immer nur soviel Spannung aufgebaut und gehalten wird, wie wir jeweils benötigen. Das ist ein sehr feines Wechselspiel zwischen Anspannen und Loslassen, das unbewußt reguliert wird. Unser Herz arbeitet beispielsweise in solch einem ständigen Wechsel zwischen Aktivität und Passivität. Um Blut in seine Kammern aufnehmen zu können, muß es sich entspannen, um dieses Blut in den Körper zu befördern, muß es kontrahieren. Ähnlich verläuft die Atmung. Das Einatmen setzt die Aktivierung bestimmter Muskeln voraus, um Ausatmen zu können, muß die Spannung dieser Muskeln wieder losgelassen werden. In beiden Fällen passen sich die Organe von einer Sekunde zur anderen auf veränderte Anforderungen an. Mit beruhigender und bewundernswerter Zuverlässigkeit!

Durch die möglichst regelmäßige Anwendung des AT senkt sich dieses Spannungsniveau insgesamt ab und zumindest die Auswirkungen der im Hintergrund ablaufenden Sorgen und Ängste werden reduziert. Auch regelmäßige Bewegungen, wie Gymnastik, Fahrrad-fahren oder Spaziergänge ohne Leistungsanspruch haben eine lösende Wirkung. Die frei werdende Energie steht wieder zur Verfügung. Unsere Wahrnehmung öffnet sich für die schönen und erholsamen Seiten der Welt.

1.6 Was kann das Autogene Training in Körper und Psyche bewirken?

Erwartungen können motivieren aber auch stören

Die durch Entspannungsverfahren erreichbaren Ziele unterscheiden sich manchmal in hohem Maß von den durch die Teilnehmer angestrebten. Auch ist es wichtig, sich zu verdeutlichen, daß nach einer langen Zeit konsequenter Übung quantitativ aber auch qualitativ andere Ziele erreicht werden können, als in den ersten Kursstunden.

Zu Beginn eines Kurses ist es zweckmäßig, die Erwartungen an das Verfahren auf ein erreichbares Maß zu reduzieren. Die Motivation, einen solchen Kurs zu besuchen, hat sich oft aus den Berichten von Bekannten und Verwandten gebildet, die nicht selten deutliche Verbesserungen eines Leidens erfahren haben.

Es kommt tatsächlich häufig vor, daß seit Jahren vorhandene, mitunter quälende Schlafstörungen schon nach wenigen Tagen oder Wochen der Übung eine deutliche Wende zum Besseren erfahren. Andere frühe Erfolgsmeldungen sind vor allem bezüglich langjähriger Durchblutungsstörungen recht häufig. Aber es ist sicher unangebracht, diese Erfolge von Anfang an als möglichst schnell zu erreichende Ziele anzustreben. Denn zum einen bedarf es oft längerer Übungsperioden, bevor diese Veränderungen stattfinden, zum anderen blockiert die (zunächst zu hohe) Erwartungshaltung die Entspannung und dadurch letztlich auch die angestrebte Veränderung.

Als Ziele, die dem Realisierbaren entsprechen und auch weitergehende Verbesserungen im körperlichen und Stimmungsbereich fördern, können eine deutliche Entspannung schon nach ein bis zwei Wochen und eine spürbar bessere Körperwahrnehmung im gleichen Zeitraum erwartet werden. Sind diese «Etappenziele» einmal erreicht, dann haben Sie eine gute Ausgangsbasis für darauf aufbauende Ziele.

Um die Erwartungen an «Erfolge» möglichst aus der Übung herauszuhalten, könnte das AT als eine Technik der Körperwahrnehmung betrachtet werden, die schematisch erlernt wird. Dazu sollte zunächst keine Veränderung, auch keine außergewöhnliche Entspannung erwartet werden. Fast unbemerkt stellt sich dann, quasi als Nebeneffekt, mehr und mehr ein Einfluß auf die Funktionen des Körpers und der Psyche ein. Die Ansprüche an die eigene Leistung nähern sich gleichzeitig dem tatsächlich Leistbaren an. Das umfassende Bild von sich selbst verändert sich, indem das Selbstbewußtsein und die Selbstsicherheit steigen.

Das sind langsame aber sehr stetige Veränderungen. Durch sie steigt die Lebensqualität spürbar an. Persönlich bin ich davon überzeugt, daß darüberhinaus auch die Lebenserwartung steigt, weil die Zeit, in der wir ruhen und uns erholen und erneuern, vermehrt wird.

Das Autogene Training als «Sensibilisierungsverfahren»

Indem Sie Ihren Körper differenzierter spüren und ihm regelmäßig eine Entspannung schenken, werden Sie von Ihrem Unbewußten zunehmend zu einer schonenderen Gangart geführt. Es tut uns schlicht gut, wenn wir uns nicht ständig bis an unsere Grenzen belasten.

Viele Teilnehmer wissen gar nicht, was das für ein Gefühl ist, seinen eigenen Körper zu spüren. Wenn von Schwere gesprochen wird, dann können sie diese Empfindung nicht in ihrem Körper lokalisieren. Wärme wird von manchen nur dann wahrgenommen, wenn sie deutlich zunimmt. Der Körper wird als selbstverständlich gesund und jederzeit verfügbar angesehen. Daß er sensible Wahrnehmung und differenzierte Pflege braucht, wird oft überhaupt nicht berücksichtigt. Diese fehlende Rücksichtnahme für sich selbst löst bei manchen Menschen eine unterschwellige Traurigkeit aus. Bei zunehmendem Körpergefühl und durch die regelmäßige Erfüllung des instinktiven Bedürfnisses nach Ruhe entsteht in der Folge eine selten erlebte Zufriedenheit mit sich selbst. Die Sensibilisierung für Empfindungen, für Spannungen und Lockerungen ist Voraussetzung für derartige «Erfolge». Wenn Spannung nicht gespürt wird, kann sie nicht als unangenehm empfunden werden. Auch wird dann keine Notwendigkeit gesehen, sie zu senken. Eine durch rücksichtsloses Verhalten sich selbst gegenüber provozierte Erkrankung löst bei fehlender Sensibilität Erstaunen und Abwehr aus, wenn sie mit der eigenen Einstellung in Verbindung gebracht wird, weil zu wenig Bewußtsein für die eigenen vitalen Bedürfnisse vorhanden ist.

Generell wirkt jede einzelne Übung des Autogenen Trainings auf Körper und Psyche beruhigend, lockernd, und streßlösend.

Während der Anwendung können bestimmte Veränderungen leicht beobachtet werden:

- geringere Anspannung der Muskulatur,
- die Haut wird vermehrt durchblutet,
- Verlangsamung und Gleichmäßigkeit der Atmung,
- eine niedrigere Herzfrequenz und Gleichmäßigkeit der Herztätigkeit,
- tiefe Entspannung, verbunden mit einem,
- umfassenden Wohlgefühl.

Diese Veränderungen beeinflussen den Körper und die Stimmung umso stärker, auch außerhalb der Übungen, je häufiger das Verfahren angewandt wird.

Nach einer längeren Zeit der regelmäßigen Übung können weitergehende Besserungen in vielen Bereichen eintreten. Manchmal sind positive Änderungen sehr schnell beobachtbar. Der fehlende wissenschaftliche Nachweis der Wirksamkeit für ein Symptom oder eine Krankheit bedeutet nicht, daß es keinen positiven Einfluß gibt. Wissenschaftlich haltbare Ergebnisse sind zum Teil sehr schwer zu erzielen. Das liegt auch daran, daß unter dem Begriff Autogenes Training sehr verschiedene Anwendungen gefaßt werden, deren Vergleichbarkeit letztendlich wieder in Frage gestellt werden muß (Wilk). Übersichten über den Stand der Forschung finden sich in Hoffmann und in Petermann & Vaitl. Die Anwendungsmöglichkeiten sind zweifellos größer, als die bisherigen Forschungsergebnisse zu belegen scheinen. Nachfolgend gehe ich auf häufige Störungen ein, für die Forschungsergebnisse in unterschiedlicher Qualität vorliegen.

Schlafstörungen können sich deutlich verändern, wie verschiedene Studien belegen konnten (Knab). Wichtig ist, daran zu denken, daß das Entspannungsverfahren nicht von Anfang an benutzt werden sollte, um einschlafen zu können. Bevor es diese Wirkung zeigen kann, muß es zunächst einmal wirksam erlernt werden. An dieser Voraussetzung, die Geduld aufzubringen, um durch Übung die notwendigen Reflexe zu etablieren, scheitern so manche Teilnehmer. Vor allem dann, wenn sie erwarten, daß sich ihr seit langem gestörter Schlaf schon nach wenigen Tagen fehlender oder seltener Übung reguliert.

Im Bereich des Herz-Kreislauf-Systems sind positive Auswirkungen auf den Blutdruck und bestimmte Durchblutungsstörungen nachgewiesen (Vaitl oder auch Bühler & Biesenecker-Fjorness). In den Gruppen berichten manche Patienten spontan vom Verschwinden ihrer Herzrythmusstörungen während der Übung. Ebenso bemerken sie eine Verlangsamung ihrer Herzfrequenz. In einigen Gruppen habe ich die Pulsfrequenz vor und nach der Übung bestimmen lassen. Diese Messungen ergaben ebenfalls eine Beruhigung der Herztätigkeit.

Schmerzen können in ihrer Intensität, Dauer und Auftretenshäufigkeit durch Entspannungen reduziert werden (Gerber). Bei Kopfschmerzen und Migräne finden spezielle Formulierungen Anwendung, die bei der Stirnformel und bei den formelhaften Vorsätzen näher beschrieben werden.

Bei Magen- und Darmbeschwerden finden sich ebenso Befindensbesserungen. Heilung und Prophylaxe von bestehenden Erkrankungen in diesem Bereich werden gefördert (Berbalk & Kempkensteffen).

Bei Asthma gilt es als erwiesen, daß der Atemwegswiderstand durch AT herabgesetzt wird (Hoffmann). Auch die Angst, die jede Luftnot begleitet und sie verstärkt, kann durch das AT wesentlich reduziert werden. Schultz selbst behandelte sein Asthma erfolgreich durch Entspannungen (Lebzeltern).

Auf psychologischer Ebene nähert sich der Übende einem Bewußtseinszustand an, wie er vor jeder Schlafphase durchschritten wird: Gedanken kommen und gehen unkontrolliert und «leichtfüßig», desgleichen Bilder, die Träumen ähneln können; es wird eine tiefe Ruhe empfunden, die mit einem allgemeinen Wohlbefinden einhergeht. Zunächst fühlt der Körper sich schwer an. Diese Empfindung verändert sich jedoch häufig recht bald zu dem Gefühl einer Leichtigkeit. Die Begriffe «Schweben», «Fliegen» fallen oft. Glieder «gehen» der bewußten Wahrnehmung «verloren». Die Zeit kann subjektiv als verlangsamt oder beschleunigt erlebt werden.

Zu Beginn des Kurses sind die Formelinhalte vorwiegend während des Trainings und noch eine kurze Zeit nach der Übung zu spüren. Bei regelmäßigem Training ist nach wenigen Wochen zu bemerken, daß die Wirkungen länger anhalten. So wird der Trainierende insgesamt ruhiger, seine Konzentration und sein Gedächtnis verbessern sich, er fühlt sich selbstbewußter und -sicherer.

Teilnehmer erzählen häufig, daß sie selbständiger und von anderen unabhängiger werden. Eine erweiterte Erkenntnis der eigenen Fähigkeiten wird möglich, sowie ihre bewußte Nutzung. Wünsche und Ziele werden konsequenter verfolgt und auf eher kreativen Wegen realisiert. Ängste und depressive Verstimmungen können nachlassen oder sogar verschwinden. In gleichem Maß gehen destruktive, auch autodestruktive Gefühle und Tendenzen zurück. Die Immunabwehr ist in der Entspannung verbessert.

Tiefe Entspannung, verbunden mit formelhaften Vorsätzen (siehe Kapitel sechs), kann psychotherapeutisch wirksam werden. Entspannung, die eingesetzt wird, um Ängste systematisch abzubauen, ist ein bewährtes Hilfsmittel psychotherapeutischer Verfahren. Formelhafte Vorsätze können – bei regelmäßiger Anwendung – die Selbstheilungstendenz des Körpers gezielt unterstützen.

1.7 Wer kann Autogenes Training lernen?

Praktisch jeder kann nach Schultz das Verfahren erlernen, wenn bestehende körperliche und psychische Einschränkungen bei der Vermittlung berücksichtigt werden. Das verlangt allerdings eine Unterweisung durch einen kompetenten Trainer, der neben dem Wissen über Risiken genügend Eigenerfahrung mit der Methode gesammelt hat. Was die Motivation anbelangt, so gibt es Menschen, die derartige Methoden schlichtweg als Hokuspokus ablehnen. Sie werden gar nicht erst daran teilnehmen. Es gibt aber auch Skeptiker, die sich die

Chance geben, das Verfahren kennenzulernen. Gerade sie werden oft zu begeisterten Fürsprechern.

Schon Kinder ab dem 6. bis 8. Lebensjahr können teilnehmen (Kruse). In Kleingruppen arbeitet Raudszus-Nothdurfter auch schon mit Kindern ab 4 Jahren, wobei für sie nicht alleine das Alter, sondern auch die Gruppengröße und -zusammensetzung, sowie die Frage nach Einzel-oder Gruppenarbeit wichtig ist. Von Kleinkindern kann allerdings nicht erwartet werden, daß sie regelmäßig selbständig üben. Kröner und Steinacker konnten zeigen, daß Autogenes Training die Stabilisierung der Persönlichkeit von Kindern unterstützt und ihre Anfälligkeit für psychosomatische Störungen verringert.

In meinen Kursen nahmen auch sehr viele alte Menschen, manche über 80 Jahre alt, teil. Wenn ihr Gehör und ihre Aufmerksamkeit es ihnen noch gestattete, dem Gesprochenen problemlos zu folgen, schienen sie mir in keiner Weise benachteiligt. Im Gegenteil hatten sie oft den Vorteil einer langen Lebenserfahrung, in deren Verlauf sie Ruhepausen schätzen gelernt hatten.

Bei psychotischen Erkrankungen muß abgewogen werden, ob eine Teilnahme sinnvoll ist. In meinen Kursen konnten Patienten mit depressiven Erkrankungen durch das Training Entlastung erfahren. Meine Erfahrung mit Patienten, die eine schizophrene Diagnose haben, ist sehr gering, aber durchwegs positiv. Thomas betont, daß bei entsprechender Anpassung der Vermittlungssprache auch schwachsinnige Kinder das Verfahren erlernen können. Für eine solche Anpassung ist es sicher unabdingbar, entsprechend homogene Gruppen zu schaffen. Es sollte in allen schwierigen oder zweifelhaften Fällen jeweils im Einzelnen vor und während des Kurses geprüft werden, ob eine Teilnahme sinnvoll ist.

Auf die Frage, ob Menschen mit einer Herzkrankheit von der Teilnahme ausgeschlossen werden sollten, gehe ich in Kapitel sieben ausführlich ein.

1.8 Das Erlernen des Autogenen Trainings aus einem Buch oder besser unter Anleitung?

Erfahrungsgemäß fällt es sehr schwer, das AT aus einem Buch zu lernen, ohne die fachlich-kompetente Anleitung eines Übungsleiters. Es ist ein hohes Maß an Disziplin dazu notwendig, über eine längere Zeit aus eigenem Antrieb das Buch durchzuarbeiten und die beschriebenen Übungsvoraussetzungen zu erfüllen. Viele Fragen können dabei aufgeworfen werden, die von einem Buch vielleicht nur mangelhaft oder gar nicht beantwortet werden.

Neben der kompetenten Anleitung durch den Übungsleiter hat das Erlernen in einer Gruppe weitere wichtige Vorteile:

Motivation

Der regelmäßige Besuch des Kurses (meist einmal pro Woche) erinnert an die Notwendigkeit der Übung. Ein gewisser Druck mag entstehen, in der nächsten Kursstunde nicht zugeben zu müssen, die Hausaufgaben versäumt zu haben. Über diesen Weg kann zumindest für die Dauer des Kurses eine gewisse Regelmäßigkeit der Übung erreicht werden.

Die geschilderten Erlebnisse der anderen Teilnehmer können Beispielfunktion haben. Ein Teilnehmer, der zum Beispiel in der dritten Stunde noch immer keine Schwere spürt, hat auch bei anderen Teilnehmern miterlebt, daß manche Empfindung etwas später wahrgenommen wird. Diese Beobachtung wird es ihm erleichtern, weiter zu üben und nicht frustriert aufzugeben, mit dem Gedanken «Ich bin eben anders, bei mir klappt das nicht».

Der eigentliche Sinn der Gruppe ist das Erlernen des AT und die gemeinsame Übung. Die Gruppe lenkt so die Konzentration auf ihren Zweck und fördert die Motivation auch auf diese Weise. Es besteht eine mehr oder weniger stillschweigende Übereinstimmung der Mitglieder, die innerhalb der Kursstunde geführten Gespräche auf die das Thema betreffenden Inhalte zu reduzieren. Daraus folgt eine geringere Ablenkung durch andere Dinge, die ansonsten im Alltag einen größeren Aufmerksamkeitswert besitzen.

Kontrolle loslassen

Es ist sehr angenehm, sich ein Stück weit treiben lassen zu dürfen, und in dieser Zeit den Gruppenleiter für sich arbeiten zu lassen. Voraussetzung dafür, daß ich als Einzelner annehmen kann, was mir vorgesprochen wird, ist allerdings ein gewisses Vertrauen zur Person des Leiters und in die Kompetenz desjenigen, der mir Antworten auf meine (manchmal ängstlich getönten) Fragen geben können muß.

Als weiterer wichtiger Einfluß ist die Stimme des Trainers zu nennen. Sie kann das Lernen sehr unterstützen, wenn sie Ruhe und Sicherheit vermittelt. Weniger bedeutend als häufig angenommen ist die hohe oder tiefe Tonlage des Sprechers. Wichtiger dagegen ist die angemessene Lautstärke. Zu lautes Sprechen stört. Zu leises Sprechen ist problematisch, wenn Teilnehmer schlecht hören. Die Stimme vermittelt neben der Information des gesprochenen Wortes sehr viel von der Einstellung und den Gefühlen des Sprechers. Sicherheit und eine konstruktive, an Freude orientierte Lebenseinstellung wird genauso vermittelt, wie das Vertrauen in die Methode, das durch eigene Erfahrungen entstanden ist.

Erfahrung und Akzeptanz der eigenen Individualität

Es ist häufig zu beobachten, daß die Wärme vor der Schwere gespürt wird. Manche Phänomene lassen auch bis in die letzten Kursstunden auf sich warten. Für den einen ist das Empfinden einer ruhigen Atmung das Erlebnis der Ruhe schlechthin, die Nachbarin kann vielleicht auch nach Kursende noch keine bewußte Veränderung der Atmung schildern. Diese Verschiedenheiten im Körper-Erleben der Einzelnen ermutigen, die eigene Individualität nicht nur zu sehen, sondern zunehmend auch zu akzeptieren. Auf diesem Weg kann gelernt werden, die individuellen Eigenheiten als Stärke und weniger als Schwäche anzusehen: Durch die bei den anderen Mitgliedern erlebte Verschiedenartigkeit der Empfindungen kann der Einzelne seine eigenen Abweichungen von der «Norm» besser akzeptieren.

Dagegen kann durch das Erlernen anhand eines Buchtextes leichter der Eindruck entstehen, daß all die geschilderten Empfindungen in gleicher Intensität und «rechtzeitig» eintreten müssen, damit es «richtig» funktioniert.

Trotz dieser Vorteile des Lernens in einer Gruppe ist der folgende Text so aufgebaut, daß er als gute Anleitung dienen kann. Für manche Berufsgruppen ist der Besuch eines Kurses zu festgelegten Zeiten nicht oder nur unter großen Schwierigkeiten möglich. Dazu zählen insbesondere Schichtarbeiter. Aber auch kranke oder behinderte Menschen haben vielleicht keine andere Möglichkeit dieses Entspannungsverfahren zu erlernen.

Daneben kann ein Buch durchaus sinnvoll zur Vorbereitung auf einen Kurs dienen. Auch beim gleichzeitigen Durcharbeiten während des Kurses kann es das Verständnis fördern oder Fragen beantworten und auch schon einmal eine versäumte Stunde ersetzen. Und schließlich kann in einem Buch nach Ende eines Kurses nachgelesen werden, was vergessen oder nicht ganz verstanden wurde.

2. Reflexe

Es kann davon ausgegangen werden, daß viele Menschen in dem Maße bereit sind, sich für etwas zu engagieren, in dem für sie ein erwünschtes Ergebnis erklärbar und vorhersehbar ist. Weil dieses Kapitel verständlich werden läßt, wie das Autogene Training oder auch andere Entspannungsverfahren zuverlässig wirksam werden können, halte ich es für sehr wichtig.

In der Psychologie wird zwischen sogenannten angeborenen und erlernten Reflexen unterschieden. Die vererbten Reflexe bekommen wir in die Wiege gelegt. Sie sind kaum durch den Willen beeinflußbar und verlaufen in unbewußten Prozessen des Körpers. Erlernte Reflexe werden im Laufe des Lebens in großer Zahl eingeübt und erleichtern den Alltag ganz entscheidend.

Beiden Arten ist gemeinsam, daß sie – durch einen Reiz ausgelöst – immer die gleiche, mit diesem Reiz verbundene Reaktion zeigen. Der wesentliche Vorteil eines solchen Reiz-Reaktions-Geschehens liegt in der Geschwindigkeit, in der es abläuft. Der auslösende Reiz muß nicht erst in das Bewußtsein gemeldet und von dort geprüft und genehmigt werden, sondern allein sein wahrgenommenes Auftreten genügt zur Auslösung der Reaktion.

Das Fehlen einer Wahlmöglichkeit beschleunigt diesen Vorgang ebenfalls. Fliegt beispielsweise eine Mücke auf Ihr geöffnetes Auge zu, so zieht das Gehirn nicht etwa in Erwägung, eventuell mit der Hand oder gar einer Fliegenklatsche der Gefahr beizukommen, sondern es wird auf jeden Fall das Lid geschlossen und somit der Zugang zum Auge versperrt. Begegnen Sie einer solchen Gefahr für die Gesundheit Ihres Auges öfters, wird das Großhirn vielleicht bewußt das Tragen einer Schutzbrille anordnen, der Reflex wird dadurch aber zunächst keineswegs ausgesetzt. Auch wenn Sie hinter einer sicheren Glasscheibe stehen und etwas bewegt sich unvermittelt auf Ihr Auge zu, wird der Reflex versuchen, Sie zu schützen. Selbst wenn Sie wissen, daß er unnötig ist, weil eine Mücke nunmal gegen eine Scheibe aus Glas wenig Chancen hat, kann der Reiz die Schutzreaktion wieder auslösen.

Unser Alltag wird durch die Wirksamkeit einer großen Zahl erlernter Reflexe überhaupt erst bewältigbar. All die einfachen und komplexen Handlungen, die wir mit einer gewissen Häufigkeit und/oder Regelmäßigkeit tun, gehen überwiegend ohne bewußte Planung und ohne Beteiligung des bewußten Denkens von den Händen.

Das beginnt schon morgens gleich nach dem Aufstehen bei unserem Griff zur Zahnbürste oder zum Handtuch, zur Seife und all den anderen Verrichtungen, die seit Jahren in immer der gleichen Weise von uns vorgenommen werden, und begleitet uns über den ganzen Tag. Der Ablauf jeglicher Handlung wird nach einer relativ kurzen Zeit der Einübung durch den unbemerkten Aufbau von Reflexen erleichtert und ganz wesentlich beschleunigt.

Wenn Sie sich an die Zeit zurückerinnern, in der Sie das Schreiben lernten, so sehen Sie sich vielleicht in einer Schulbank oder bei der Hausarbeit sitzen und mehr oder weniger mühevoll Buchstaben malen. Und das haben Sie einige Wochen und Monate sehr häufig getan, bevor es langsam zu einem befriedigenden Ergebnis wurde.

Heute schreiben Sie seit vielen Jahren, ohne darüber nachzudenken, wie die einzelnen Buchstaben geschrieben werden: «...links unten anfangen, dann schräg nach oben rechts, von dort einen halben Bogen, wieder zurück, in der anderen Richtung den Kreis schließen, in einer Geraden an der rechten Seite von oben nach unten und nach rechts in einem Bogen auslaufen lassen.» So könnten die Gedanken aussehen, die das Schreiben eines «a» kommentieren, wenn man es über bewußtes Denken lenken müßte. Das «a» ist nur einer von vielen Buchstaben die Sie im Laufe der ersten Jahre Ihrer Schulzeit erfolgreich eingeübt haben. Neben den Buchstaben gibt es aber auch noch viele Zahlen.

Andere alltägliche Beispiele lassen sich bei Tätigkeiten, die ebenfalls komplex aus vielen Einzelreflexen zusammengesetzt sind, beobachten, wie beim Fahrradfahren, Schwimmen, Schlittschuhlaufen, einen Tisch decken, Schränke aufräumen, Bügeln, Wäsche aufhängen, und so weiter. All das läuft «automatisch» ab, während wir nebenher an ganz andere Dinge denken, fernsehen oder uns mit jemandem unterhalten. Ich weiß nicht, wie gut Sie sich an Ihre erste Fahrstunde im Auto des Fahrlehrers erinnern. Wie schwierig die Koordination der vielen erforderlichen Bewegungen zunächst war. Es mußte an so vieles gedacht werden. Wie weit die Kupplung herausgelassen werden durfte, wieviel Gas Sie gleichzeitig geben mußten. Die Gänge mußten gesucht werden. Und da waren noch die Ampeln, die Verkehrsschilder, die Fußgänger und die anderen Autofahrer. Heute dagegen denken Sie an irgendetwas anderes, während die eingeübten Reflexe dafür sorgen, daß Sie anhalten, wenn die Ampel rot ist und weiterfahren, wenn sie umschaltet. Das bewußte Koordinieren all der notwendigen Handlungen ist nun nicht mehr nötig. Wie oft wundern Sie sich, daß Sie die Zeit verloren haben, während Sie Ihr Auto über die Straßen gelenkt haben. Ohne einen Fehler zu begehen.

Diese Beispiele zeigen auf, wie zuverlässig gut eingeübte Handlungen funktionieren. Deshalb ist es so wichtig, das Autogene Training regelmäßig einzuüben.

Unterbrechungen in diesen Abläufen entstehen nur, wenn die vorhandenen Reflexe gestört werden. Wenn Sie beispielsweise in ein Auto umsteigen, in dem die Bedienelemente anders angeordnet sind, oder gar die Gangschaltung eine andere ist. Wenn etwas so unwichtiges wie die Zahnbürste nicht an der gewohnten Stelle steht, wird sie wichtig und Sie erhalten Gelegenheit, festzustellen, wie wenig Sie sonst darüber nachdenken müssen. Und doch sind solche kleinen Änderungen durch das Tun, durch die Wiederholung der erforderlichen Bewegungen sehr schnell in die vorhandenen Abläufe integriert.

Für das Autogene Training werden keine körperlichen Bewegungen erlernt. Es werden Wahrnehmungen des Körpers mit der dabei vorhandenen Entspannung verbunden. Das Ergebnis ist umso stabiler im Unbewußten verankert, je regelmäßiger Sie sich in der Entspannung darauf konzentrieren. Man könnte sagen, es sind geistige Bewegungen, die durch geduldige Anwendung zu zuverlässigen Reflexen verwoben werden.

Die beschriebenen Reflexe, die zum Teil sehr komplex aneinandergefügt sind, sind also nicht angeboren, sondern werden im Laufe des individuellen Lebens (meistens unbewußt) erlernt. Registriert werden sie in der Alltagssprache als Handlungsabläufe, die «automatisch» funktionieren. Das heißt im allgemeinen, daß eine Tätigkeit immer wieder ausgeübt wird, wobei wir alle die Erfahrung gemacht haben, daß sie immer besser «von der Hand geht», je häufiger wir sie tun.

Es wird in jedem einzelnen Fall eine Verbindung zwischen auslösendem Reiz und der darauf folgenden Reaktion hergestellt. In der Psychologie wird der Vorgang, in dem die erworbenen Reflexe eingeübt werden, «Konditionierung» genannt. Es gibt eine Formel, die die Beziehung zwischen Auslöser und Reaktion deutlich abbildet:

$$S \longrightarrow R$$

S = auslösender Reiz (= Stimulus)
R = Reaktion

Ein auslösender Reiz ruft eine bestimmte Reaktion hervor. Je häufiger der Reiz zusammen mit der Reaktion verbunden wird, desto zuverlässiger löst der Reiz diese Reaktion aus.

Dieser Zusammenhang besteht auch in schwierigen Situationen, falls die Verbindung zwischen beiden fest genug ist. Das wiederum hängt fast vollständig davon ab, wie regelmäßig und häufig Reiz und Reaktion zusammen auftraten.

Das wohl bekannteste «Opfer» der Experimentierfreudigkeit der Wissenschaftler auf diesem Gebiet ist der Hund des russischen Physiologen und Nobelpreisträgers I.P. Pawlow (Blöschl). Wie jeder normale Hund reagierte auch dieser auf das Sehen oder Riechen von Futter mit erhöhter Speichelsekretion. Pawlow bot nun unmittelbar vor der Gabe von Futter den Ton einer Glocke an. Nach einer ausreichend häufigen gleichzeitigen Darbietung genügte schließlich der Ton der Glocke, um den Speichelfluß auszulösen.

Der angeborene Reflex, der den Geruch des Futters als Reiz und den Speichelfluß als Reaktion hatte, wurde benutzt, um einen anderen Reflex zu erlernen. Der erlernte Reflex bestand aus dem Reiz des Tones und der Reaktion der Speichelsekretion.

Kurz zusammengefaßt kann der Vorgang in Symbolen abgebildet werden:

Reiz		**Reaktion**
Geruch des Futters	⟶	Speichelsekretion
Geruch des Futters + Ton	⟶	Speichelsekretion

Der Ton wird also eine Zeit lang jeweils dann dargeboten, wenn Futter angeboten wird. Dadurch entsteht im Gehirn des Hundes eine immer fester werdende Verbindung zwischen dem Geruch des Futters und dem Ton der Glocke. So genügt es nach einiger Zeit, lediglich den Ton anzubieten, um den Speichelfluß auszulösen:

Ton	⟶	Speichelsekretion

Auf das Autogene Training angewandt bedeutet das:

Reiz		**Reaktion**
Wunsch und Gelegenheit zur Entspannung	⟶	Ruhe breitet sich im Körper aus (Muskeln entspannen sich, die Hautdurchblutung nimmt zu, Atem- und Herzfrequenz sinken und andere Vorgänge der «Umschaltung» auf Ruhe werden durch die Entspannung ausgelöst)
Wunsch und Gelegenheit zur Entspannung + Formel (oder Vorstellung)	⟶	(wie oben)

Das Training hat den gleichen Effekt wie das häufige gleichzeitige Darbieten von Futter mit dem Ton der Glocke. Nur ist bei uns nicht etwa Speichelfluß das Ziel, sondern die Fähigkeit, **zuverlässig und rasch** eine tiefe Entspannung auch in schwierigen Situationen hervorrufen zu können, verbunden mit all ihren positiven Konsequenzen. Und genau dafür sind Reflexe in uns zuständig: Bei einer roten Ampel müssen alle beteiligten Instanzen unseres Körpers sofort alle notwendigen Reaktionen ablaufen lassen. Schnell und ohne störenden Überlegungen. Wenn wir in tiefes Wasser fallen, haben wir keine Zeit, uns zu überlegen, wie das mit den Schwimmbewegungen eigentlich sein soll. Unser Körper reagiert zum Glück so wie er es (hoffentlich) eingeübt hat und rettet unser Leben.

Bieten wir also die Vorstellungen, die innerhalb der Formeln genannt werden, häufig genug gleichzeitig mit der Entspannung dar, so löst irgendwann die Vorstellung alleine eine tiefe Ruhe aus:

Formel (oder Vorstellung) ⟶ Tiefe Ruhe mit intensiver Körperwahrnehmung

Dieser Effekt beschränkt sich nicht nur auf die Ruhe. Im Verlauf des Lernprozesses werden Sie auch für die Wahrnehmung des Körpers im positiven Sinne empfindlicher. Sie lernen die Schwere, die Wärme, die Herz- (Puls-) und Atemtätigkeit, die Wärme des Bauches und die Kühle der Stirn zu spüren.

Zusätzlich entstehen aber auch Reflexe zwischen der Wahrnehmung beispielsweise des Bauches und der Ruhe. Da der Bauch seiner Bestimmung entsprechend funktioniert, wenn wir ihm die nötige Ruhe als Voraussetzung bieten, führt das Richten der Aufmerksamkeit auf die Wärme im Bauch zum Nachlassen von vorhandenen Beschwerden.

Äquivalent gilt dieses Prinzip für jede einzelne Formel, die eingeübt wird. In einem fortgeschrittenen Stadium bald auch für «Formelhafte Vorsätze» (siehe Kapitel sechs).

Nachdem die Verbindung zwischen Reiz und Reaktion innerhalb einer gewissen Zeit häufig genug eingeübt wurde, wird durch eine Aktivierung dieser Reflexe zuverlässig eine weitreichende Entspannung des Körpers bewirkt.

3. Die Umschaltung von Anspannung auf Ruhe

Der Begriff der «Umschaltung» bezieht sich auf einige körperliche und psychische Veränderungen, die den Wechsel von Anspannung zu Entspannung begleiten. Psyche und Körper sind keine voneinander getrennten oder gar unabhängigen Einheiten. Beides wirkt ständig auf den jeweils anderen Bereich ein. Wenn die körperlichen Anteile unserer Person sich entspannen, so wirken diese Prozesse auf die Psyche ein. Wenn unsere Gedanken zur Ruhe kommen und unsere Sorgen an Einfluß verlieren, während wir einer schönen Geschichte lauschen, eine beruhigende Musik hören oder ein Sonnenbad genießen, hat das einen entspannenden Einfluß auf unseren Körper. Dann wird sich auch die Muskulatur lockern, die Glieder können schwer nach unten sinken und ein allgemeines Wohlgefühl stellt sich ein.

Im Zusammenhang mit dem Autogenen Training wird mit dem Begriff der Umschaltung ein Ziel der Übungen bezeichnet: der Wechsel von Aktivität (Anspannung) zu gelassener Passivität (Entspannung), mit allen positiven Begleiterscheinungen. Die Umschaltung zur Ruhe beinhaltet das sinnvolle Ineinandergreifen vieler körperlicher und psychischer Vorgänge, die alle dem Erhalt unserer Gesundheit und Integrität dienen.

Die Steuerung der Umschaltung erfolgt über das Nervensystem und durch bestimmte Hormone, von denen das Bekannteste das Adrenalin ist, das auch im Alltagsbewußtsein eine enge Verbindung zu körperlicher Anspannung hat (Nitsch). Zwei Bestandteile des Vegetativen Nervensystems sind für den Wechsel von Spannung und Entspannung verantwortlich. Auf der einen Seite ist der Sympathikus, der hauptsächlich für Anspannung verantwortlich ist und umso passiver wird, je mehr die Spannung nachläßt. Dagegen wird der Parasympathikus umso aktiver, je entspannter der Körper insgesamt wird.

Sympathikus und Parasympathikus arbeiten zusammen und ergänzen sich. Überwiegt der Sympathikus, so ist der Körper auf Aktivität ausgerichtet. Wenn Sie beispielsweise von A nach B gehen wollen, müssen Muskulatur, Herzfrequenz, Atemfrequenz und viele andere Bereiche darauf eingestimmt werden, damit sie die beteiligten Muskeln gebrauchen können. Das geschieht im Wesentlichen ohne unser bewußtes Zutun. Alle Vorgänge dienen dann dem Ziel, Sie zu befähigen, Ihren Körper entsprechend zu gebrauchen. Eine gelungene Entspannung dagegen zeigt sich in einer zunehmenden Umschaltung auf ein parasympathisches Übergewicht. Eine hohe Muskelspannung würde dabei genauso stören, wie eine hohe Atemfrequenz oder eine Wut. Deswegen ist eine feine Abstimmung innerhalb des Körpers nötig und normalerweise findet sie ohne Schwierigkeiten auch statt.

Sowohl außerhalb als auch innerhalb des Körpers liegende Einflüsse können auf diese Vorgänge störend einwirken. Eine erwünschte Spannkraft kann durch eine Grippe oder einen zu niedrigen Blutdruck gemindert werden. Das ist vor allem dann sehr störend, wenn Sie etwas arbeiten müssen, das nicht aufgeschoben werden kann oder eine Freizeitaktivität wie eine Wanderung oder ein Skiwochenende geplant haben. Auf der anderen Seite wird eine angestrebte Ruhe durch alles behindert, was eine Dominanz des Sympathicus fördert. Dazu gehören von außen kommende Störungen wie Geräusche, grelles Licht, enge Kleidung oder sogar auch schlechte Gerüche. Sorgen, Ärger oder Ängste sind innere Einflüsse, die der Entspannung entgegenwirken.

Die erwünschte Umschaltung durch das Autogene Training kann anfangs also auch durch Gedanken und Gefühle gestört werden. Dabei sind diese Mechanismen in sich sinnvoll, auch wenn wir das oft nicht erkennen können. Ängste beispielsweise signalisieren dem Organismus eine Bedrohung seiner Integrität. Auf dieser Ebene prüft das Gehirn nicht, ob die Angst gerechtfertigt ist. Es reagiert einfach so schnell wie möglich, um sich zu schützen. Seine in diesem Sinne sehr sinnvolle Antwort ist eine Mobilisierung seiner Kräfte über den Sympathikus, um ihn verteidigungsbereit zu machen. Dazu wird der Blutdruck erhöht, die Atem- und Herzfrequenz steigen, die Durchblutung der inneren Organe und der Haut wird gedrosselt, die Spannung der Muskulatur steigt, die Durchblutung des Gehirns wird erhöht. Das entspricht genau dem Gegenteil dessen, was wir im AT erreichen möchten. Während der Übung auftretende Ängste führen zu einer Behinderung unserer Ruhe. Genauso verhält es sich mit Wut, Ärger, Schmerzen, Tatendrang oder Gedanken an etwas Unerfreuliches. Aber auch erfreuliche Gedanken können den gleichen anspannenden Effekt zeigen. Wenn beispielsweise ein langersehntes Ereignis unmittelbar bevorsteht, kann es sehr schwer fallen, den für die Entspannung nötigen inneren Abstand zu gewinnen.

Die bewußt herbeigeführte Umschaltung vom Wachbewußtsein in die Ruhe, die durch das AT trainiert wird, hilft nach einiger Übung sehr zuverlässig, von diesen Störfaktoren Abstand zu bekommen. Sie wird durch häufige Anwendung sehr schnell und zuverlässig auch in schwierigen Situationen oder Stimmungslagen ablaufen (Hoffmann).

4. Voraussetzungen zum Erlernen

Einige Bedingungen müssen erfüllt werden, damit die Einübung der in Kapitel zwei beschriebenen Reflexe reibungsarm ermöglicht wird. Je besser die folgenden Hinweise beachtet werden, desto eher kann mit Fortschritten in der erhofften Weise gerechnet werden.

4.1 Übung

Wie aus den Ausführungen in Kapitel zwei hervorgeht, ist Übung die wichtigste Voraussetzung überhaupt, um das AT zu erlernen. Ohne Übung ist kein Lernerfolg möglich. Aber es ist ebenso kaum möglich, das AT nicht zu erlernen, wenn in der Weise geübt wird, wie hier beschrieben. Das ergibt sich daraus, daß nicht etwas völlig Neues gelernt werden muß, sondern lediglich schon immer vorhandene und bisher selten und eher unregelmäßig wahrgenommene Empfindungen **bewußt** mit der Entspannung verknüpft werden.

Im besten Fall üben Sie ein- bis dreimal täglich. Drei bis vier Minuten Dauer pro Übung sind für den Anfang ausreichend, zumal wenn Sie wenig oder noch gar nichts spüren. Wenn es allerdings funktioniert und die Übung Spaß macht, können Sie beliebig lange damit fortfahren. Nach ein bis zwei Wochen finden Sie Ihren eigenen Zeitrahmen, der vermutlich 8 bis 12 Minuten betragen wird, wenn Sie außerhalb von Arbeitsdruck, Streß und Anspannung üben. Wenn Sie weniger Zeit haben, aber dennoch etwas Ruhe bräuchten, werden Sie eine gewisse Spannungsreduktion auch in zwei bis drei Minuten erreichen.

Wie endet die einzelne Übung?

Sie kommen durch die Anwendung der Formeln in keinen außergewöhnlichen, fremden oder besonders tiefen Bewußtseinszustand. Sie kennen wahrscheinlich tiefere Entspannungen aus dem Schlaf, aus manchen Tagträumen oder aus Entspannungen mit Musik. Und aus allen diesen Zuständen sind Sie auf eine von zwei Bewußtseinsebenen gewechselt.

a) Entweder sind Sie **eingeschlafen**, was nur dann geschieht, wenn Sie entsprechend müde sind und/oder die Umstände günstig sind. So kann es ebenso vorkommen, daß Sie während einer Predigt in der Kirche kurz einnicken oder während der Busfahrt zur Arbeit. Bei den entsprechenden Hinweisreizen, wie das Aufstehen der anderen Kirchenbesucher oder das Anhalten des Busses, wachen Sie normalerweise ohne weiteres wieder auf. Ähnlich verhält es sich beim Üben. Wenn Sie dabei eingeschlafen sind, wachen Sie durch Geräusche oder andere Wahrnehmungen des Alltags wieder auf.

b) Das andere unmittelbare Ergebnis einer Übung kann das **Bedürfnis sein, aktiv zu werden**, weil Sie genügend geruht haben. In beiden Fällen sollten Sie Ihrem instinktiven Wunsch folgen, sich zu dehnen und zu strecken, damit der Körper wieder auf Aktivität umschaltet.

Übungszeitpunkte

Eine der besten Voraussetzungen für eine Stetigkeit in der Übung ist das Einhalten fester Trainingszeiten. So wie Sie regelmäßig und ohne jedes Mal den Sinn oder den Zeitpunkt der Verrichtung zu hinterfragen, ihre Körperpflege betreiben, sollten Sie das AT fest in den Tagesablauf integrieren. Dazu bieten sich bestimmte Zeiten oder vorausgehende bzw. darauffolgende Ereignisse an. Wenn Sie zum Beispiel die Ankunft zuhause **nach der Arbeit** mit dem Autogenen Training verbinden, entspannen Sie nicht nur für den Moment tief, sondern Sie festigen gleichzeitig die Reflexe, die in schwierigen Situationen zuverlässig zur Ruhe und Distanz von den Alltagsbelastungen führen, und es sammelt sich Energie in Ihnen, die für den Genuß der Freizeit zur Verfügung steht.

Viele Menschen nehmen sich **nach dem Mittagessen** ohnehin etwas Zeit, um sich auszuruhen. Das ist nicht nur angenehm entspannend, es fördert auch die Weiterverarbeitung der zuvor aufgenommenen Nahrung und ist insofern sehr gesund. Aber es kann für diejenigen schwierig sein, die den ganzen Tag arbeiten. Da viele Arbeitsplätze keinen Raum zur ungestörten Übung bieten, muß nach anderen Lösungen gesucht werden. Manche Teilnehmer gehen nach dem Essen in ihr Auto und stellen ihren Sitz in eine bequeme Position. Die Toilette wird ebenfalls häufiger als Not-Übungsort genutzt. Ein Teilnehmer erzählte, daß er in seiner Mittagspause in einer Kirche übt, die in der Nähe seines Arbeitsplatzes steht. Kirchen sind gemeinhin Orte der Ruhe, die sich regelrecht für eine ruhige Konzentration anbieten. Auch wenn Sie dem Glauben der Kirche in Ihrer Nähe nicht angehören, sollten Sie überlegen, das Angebot dieses Raumes der Stille doch zu nutzen.

Wenn Sie also nach dem Mittagessen üben, können Sie sich von den Anstrengungen des Vormittags leichter distanzieren und gehen mit neuen Kräften in den Nachmittag. Das gleiche gilt für eine Anwendung vor oder nach dem Abendessen. Es fällt dann leichter, Abstand von den Pflichten und Anstrengungen des Tages zu gewinnen, um die Freuden der Freizeit konzentrierter genießen zu können.

Die Anwendung vor dem Essen, speziell **vor dem Abendessen** hat einen weiteren Vorteil. Die letzte Mahlzeit des Tages wird oft dazu benutzt, nach dem Abschluß des Arbeitstages in der Freude des Essens eine Ruhe und Befriedigung zu finden, die tagsüber nicht erreichbar war, weil zu viele Pflichten und Termine das verhindert haben. Wegen dieser Ersatzfunktion, die der Essensaufnahme quasi aufgepfropft wird, nämlich die häufig leider einzige Möglichkeit des Tages, etwas in Ruhe für sich zu tun, wird diese Mahlzeit oft lange ausgedehnt. An sich wäre das nicht weiter schlimm, wenn nicht gleichzeitig zuviel gegessen würde. Das hat sehr oft den Nachteil, daß wesentlich mehr Nahrung aufgenommen wird, als zur Sättigung nötig wäre. Und das wiederum führt auf Dauer zur Gewichtszunahme. Eine Anwendung des AT vor dem Abendessen kann entsprechend einige Entspannung vorwegnehmen, was den

Wunsch zu gemäßigter Nahrungsaufnahme und damit eine gesunde Ernährung unterstützt.

Seltener berichten ehemalige Teilnehmer von regelmäßigen **morgendlichen Übungen**. Nicht immer wachen wir morgens so entspannt auf, wie wir es uns wünschen – sei es weil wir zu wenig oder weil wir zu schlecht geschlafen haben. Schon eine kurze Anwendung des AT vor dem Aufstehen lockert die Muskulatur in einer erstaunlichen Tiefe und klärt und beruhigt Gefühle und Gedanken, die oft noch im Traumgeschehen oder in Gefühlen gebunden sind. Die Angst, ungewollt wieder einzuschlafen hindert einerseits, andererseits werden auch die Gedanken an die Pflichten des Tages als störend empfunden. Wenn der Tag allerdings mit AT begonnen wird, so kann der dadurch gewonnene gedankliche Abstand als wertvolle Hilfe zur Ordnung der Wichtigkeit der vor Ihnen liegenden Dinge empfunden werden. Der Tag wird dadurch klarer begonnen. Eine realistische Planung wird erleichtert. Weniger Stress ist die Folge.

Der wohl häufigste Übungszeitpunkt liegt unmittelbar **vor dem Einschlafen**. Er bietet sich an, denn Sie liegen sowieso und hoffen vielleicht auch, daß Sie mit dem AT schneller einschlafen. Das wird normalerweise auch so sein. Allerdings sollten Sie sich nicht unter Druck setzen, um möglichst schnell einzuschlafen. Dadurch würden Sie das Einschlafen behindern, denn es braucht Gelöstheit, damit der Schlaf kommen kann. Außerdem sollten Sie darauf achten, sich nach den Übungen, die Sie zu diesem Zeitpunkt durchführen, nicht mehr anzuspannen, weil Sie sich dadurch aktivieren würden und der Schlaf sich von Ihnen entfernen würde. Sie sollten sich auch bewußt sein, daß Sie Müdigkeit an das AT binden, wenn Sie **ausschließlich** vor dem Einschlafen üben.

4.2 Günstige Ausgangsbedingungen

Immer, wenn irgendeine Tätigkeit oder ein Verhalten neu eingeübt wird, sind wir zunächst leicht störbar. Beispielsweise würde es einem Fahrlehrer nicht einfallen, die erste praktische Fahrstunde gleich in dichtestem Feierabendverkehr abzuhalten. Die Fahrschüler würden wohl kaum ein zweites Mal zu diesem Lehrer gehen. Ähnlich verhält es sich mit dem Fahrradfahren. Zuerst geht es nur mit der helfenden Hand oder mit Stützrädern und auch nicht in schwierigem Gelände. Das Schwimmen-lernen und das Schreiben-lernen sind weitere Beispiele aus unserem Alltag.

Übertragen auf Entspannungsverfahren bedeutet dies, daß zu Beginn ein möglichst ruhiger Raum aufgesucht werden sollte, in dem kein grelles Licht Sie stört. Unter dem Körper sollte eine weiche Unterlage vor dem harten Boden schützen, Ihre Kleidung sollte Sie weder drücken noch einengen, und Brillen werden abgesetzt.

Alles, was die Konzentration auf den Körper stören könnte, soll vermieden werden.

Unter starken Schmerzen zu entspannen ist anfangs fast unmöglich. Daher sollten Sie versuchen wenigstens durch Ihre Haltung während der Anwendung Schmerzen zu vermeiden. Wenn Sie auf dem Rücken liegen, können Sie das Entstehen von Rückenschmerzen oft vermeiden, indem Sie unter Ihre Knie eine geeignete Unterlage legen oder die Füße auf einen herangerückten Stuhl auflegen und sie dadurch höher lagern.

Sie können alle für die Übung günstigen Bedingungen mit denen vergleichen, die Sie schaffen, wenn Sie zu Bett gehen. Wenn Sie dabei die falschen Voraussetzungen schaffen, stören Sie Ihren Schlaf. Genauso verhält es sich mit der Entspannung, die Sie durch das AT erwarten.

In den Gruppen erlebe ich es häufig, daß auf meine Frage nach der Übung ganz anderes geschildert wird: Viele Teilnehmer üben in Situationen, in denen sie Ruhe bräuchten (bei Schlafstörungen, bei Aufregung, nach Ärger oder bei Schmerzen). Enttäuscht wird dann von ihnen berichtet, daß sie keine Ruhe gefunden haben. Auf mein Nachfragen stellt sich meistens heraus, daß das AT von diesen Teilnehmern zuvor nicht eingeübt wurde. Erst in einer schwierigen Situation erinnerten sie sich daran und erwarteten sofortige Hilfe. Es wird also – natürlich völlig zu Unrecht – erwartet, daß das AT von Anfang an auch unter schwierigen Bedingungen wirkt, ohne daß es zuvor erlernt wurde.

Stellen Sie sich ähnliches für andere Tätigkeiten vor. Sie wollen Schwimmen lernen, hören sich aber lediglich theoretische Einführungen an, ohne je eine Schwimmbewegung auszuführen. Was wird wohl passieren, wenn Sie nach einem solchen Lernprozess in tiefes Wasser springen, um Ihre theoretischen Fertigkeiten in die Praxis umzusetzen? Würden Sie es sich zutrauen, die komplizierten Balancefertigkeiten, die für das Fahrradfahren eingeübt werden müssen, alleine durch theoretische Einführungen zu erlernen? Könnten Sie Autofahren, ohne je hinter dem Lenkrad gesessen zu haben?

Erlernen des AT bedeutet also nicht, nach der ersten Stunde schon in jeder beliebigen Situation entspannen zu können. Vielmehr muß dazu ein Kurs (= mindestens sechs Stunden) vollständig absolviert werden – unter Erfüllung der Voraussetzungen, deren wichtigste die regelmäßige, häufige Übung ist.

4.3 Die Körperhaltungen

Grundsätzlich sollte entweder im Sitzen oder im Liegen geübt werden. Ich empfehle, wann immer möglich, die tiefere Entspannungsfähigkeit im Liegen zu nutzen. Aber es gibt sicherlich Bedingungen, die keine liegende Haltung zulassen.

Hier beziehe ich mich lediglich auf die Zeit, in der Sie das Verfahren erlernen. Daß Sie sich an Ihrem Arbeitsplatz nicht ohne weiteres hinlegen können, ist leider normal. In der Trainingsphase aber sollten Sie versuchen, möglichst häufig liegend zu üben.

Es gibt Bedingungen, die es nicht erlauben, im Liegen zu entspannen. Wenn Sie in einer Pause auf einem (möglichst ruhigen) Parkplatz im Auto Ihren Sitz in eine Position bringen, in der Sie tief entspannen können, so ist Liegen kaum, aber dennoch eine Übung möglich. Auch wenn das Liegen auf dem Rücken Schmerzen hervorruft, sollten Sie eine andere Haltung einnehmen. Es gibt außerdem immer mal wieder Situationen in unserem Alltag, in denen wir irgendwo auf etwas warten. Sei es auf dem Bahnhof, im Zug, beim Arzt, bei einer Behörde oder bei anderen Gelegenheiten. In all diesen Fällen können Sie unauffällig die unten beschriebene Haltung im Sitzen einnehmen und sich Ihrem Körper zuwenden, um die eigene Entspannungsfähigkeit zu fördern.

Das vielleicht wichtigste Argument für die liegende Übungshaltung: Wenn Sie tief entspannen wollen, so werden Sie sich zu diesem Zweck irgendwohin legen – falls die Möglichkeit dazu besteht. Das Sitzen wäre erst die zweite Wahl. Da Sie schon immer so gehandelt haben, ist eine starke Verbindung entstanden zwischen dem Liegen und einer tiefen Entspannung. Das heißt, immer wenn Sie sich hinlegen, entspannen Sie sich gleichzeitig ein Stück weit. Diese wertvolle Reaktion kann natürlich zum Erlernen des AT genutzt werden.

Nun zur Beschreibung der Haltungen, die eingenommen werden sollten, um möglichst viel Muskulatur in der Ruhephase zu entlasten und um Schmerzen zu vermeiden.

Die Anwendung im Liegen

Sie legen sich auf den Rücken. Die Arme liegen neben dem Körper, die Ellenbogen sind leicht angewinkelt. Die Beine sind etwas geöffnet, die Zehenspitzen fallen dabei (meist) nach außen. Der Kopf liegt gerade und leicht erhöht (durch ein Kissen, ein Handtuch oder etwas ähnliches). Die Unterlage sollte nicht unter dem Nacken, sondern unter dem Kopf liegen.

Die Beine werden nicht verschränkt, mit der Zeit würde es störend wirken, daß das Gewicht des obenliegenden Beines auf das darunter liegende drückt. Einige Zeit später entwickelt sich ein unangenehmes Spannungsgefühl im Lendenwirbelbereich oder am Gesäß. Dann würden Sie Ihre Haltung verändern und dazu viele Muskeln anspannen. Das würde die muskuläre Entspannung also wesentlich stören. Der Kopf sollte nicht auf die Seite gedreht werden, weil bei längerem Liegen auch diese Haltung durch die damit verbundene Dehnung zu Anspannung führen kann.

Vor dem Erlernen des AT wird zum Einschlafen meist eine andere als die eben beschriebene Lage eingenommen. Auf der Seite oder auf dem Bauch zu liegen wird oft als angenehmer empfunden. Der Nachteil dieser anderen Haltungen ist jedoch, daß mehr Muskelgruppen angespannt sind, um den Körper in seiner Lage zu halten. Das kann die Tiefe der Ruhe ganz wesentlich behindern.

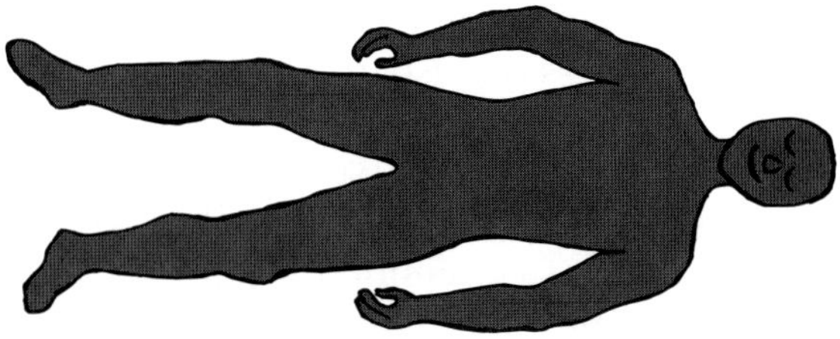

Abbildung 1: Die beschriebene Haltung im Liegen

Die Anwendung im Sitzen

Wenn Sie nicht im Liegen üben können, so nehmen Sie die im folgenden beschriebene Haltung als Grundlage, von der Sie möglichst wenig abweichen sollten.

Setzen Sie sich auf einen Stuhl, und stellen Sie Ihre Füße flach auf die Erde. Dabei bildet sich in Ihren Knien ungefähr ein rechter Winkel. Die Knie fallen locker nach außen. Die Hände lassen Sie zwischen den Beinen durchhängen. Den Oberkörper strecken Sie nach oben, um ihn gleich darauf zusammensinken zu lassen. Der Kopf fällt auf die Brust.

Diese Haltung wird «Droschkenkutscherhaltung» genannt (Schultz). Ohne die gewünschte Entspannung zu gefährden, können Sie in folgender Weise von dieser Haltung abweichen: Wenn Sie eine Sitzgelegenheit mit Lehne haben, können Sie sich mit aufrechtem (nicht angespanntem) Rücken anlehnen und den Kopf an der Wand ruhen lassen. Dadurch vermeiden Sie Schmerzen im Schulter-Nacken-Bereich, die bei nach vorne hängendem Kopf nicht selten die Ruhe stören. Auch kann bei hängendem Kopf ein leichter Schwindel auftreten, der eher verhindert wird, wenn der Kopf an der Wand lehnt. Hilfreich ist auch ein kleines Kissen, eine Jacke, ein Handtuch oder ein Pullover zwischen Wand und Kopf.

Die Arme können auf vielleicht vorhandenen Stuhllehnen aufgelegt werden. Doch sollten Sie darauf achten, daß sie sich nicht auf sie aufstützen, damit die Arm- oder Schultermuskulatur entspannt sein kann.

Falsch wäre es, wenn Sie im Stuhl liegen würden, das heißt wenn im Knie kein oder kaum ein Winkel vorhanden wäre.

Auch sollte der Rücken ungefähr parallel zur Rückenlehne verlaufen. Falsch wäre es ebenso, wenn das Gewicht des Oberkörpers auf den Armen lastete, die wiederum auf den Oberschenkeln aufliegen. Schließlich sollten Sie auch nicht Ihren Oberkörper zwischen den Oberschenkeln in einem labilen Gleichgewicht halten (das nämlich während der Übung zu Ungunsten der Entspannung immer wieder stabilisiert werden müßte).

Teilnehmer, die nach vorne gebeugt sitzen und sich dabei auf ihren Oberschenkeln aufstützen, rutschen bei zunehmender Entspannung leicht von den Beinen ab, was sie erschreckt und ihre Entspannung nachhaltig stört. Im schlimmsten Fall könnte es zu einem Hinfallen kommen. Bequem und sicher ist es, wenn die Füße auf einen zweiten Stuhl aufgelegt werden. Wenn Sie Probleme mit einem schwankenden Blutdruck haben, was auch durch die Einnahme von Herz- oder Kreislaufmedikamenten begünstigt werden kann, würde ich auf jeden Fall zur Übung im Liegen, zumindest aber zum Auflegen der Füße auf einen Stuhl raten, um Schwindelgefühle oder ähnliche, unangenehme Kreislaufreaktionen zu vermeiden.

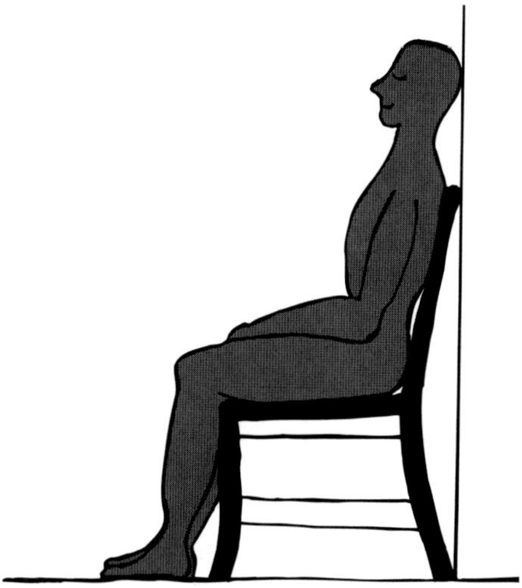

Abbildung 2: Die richtige Sitzhaltung

4.4 Die Rücknahme der Entspannung

In der Entspannung sinkt der Blutdruck. Das ist sinnvoll und entlastend für den Körper. Aber bevor Sie sich aufrichten, sollte Ihr Kreislauf wieder «auf Betriebsdruck» sein. Andernfalls könnten Sie sich sehr unwohl fühlen. Die Konsequenzen sind Ihnen bekannt: Wenn Sie sich aus einer Ruhephase in der Vergangenheit zu schnell oder zu plötzlich aufgerichtet haben, so fühlten Sie sich vielleicht schwindlig, Sie bekamen Kopfschmerzen oder fühlten sich schlapp und matt.

Das sollten Sie auf jeden Fall verhindern, indem Sie sich nach jeder Übung kräftig strecken, bevor Sie aufstehen. In den Kursen verwende ich die immer gleichen Sätze, die Sie sich auch innerlich vorsprechen können, um frisch und ausgeruht wieder aufstehen zu können:

«Nehmen Sie die Entspannung jetzt wieder zurück,
atmen Sie tief ein und aus,
spannen Sie ihren Körper kräftig an
und öffnen Sie Ihre Augen».

Welche Muskelgruppen Sie anspannen, ist letztendlich gleichgültig, solange die Spannung ausreicht, um die aktivierende und erfrischende Kreislaufreaktion zu bewirken. Bewährt hat sich das Dehnen und Strecken des Körpers, mit dem wir uns ganz unwillkürlich nach Ruhephasen auf die Aktivität vorbereiten und das wir bei ganz kleinen Kindern oder auch bei unseren Hauskatzen oder Hunden beobachten können.

4.5 Vorstellung und Einbildung unterscheiden sich voneinander

Die Vorstellung ist eine wesentliche Hilfe sowohl bei der Einübung der Reflexe, als auch bei der Nutzung des AT.

Wenn von Vorstellung die Rede ist, findet oft eine sofortige Gleichstellung mit dem Begriff der Einbildung statt. Einbildung steht dabei für etwas, das nicht wirklich vorhanden, sondern nur (hin-) eingebildet ist. Gleichzeitig ist man mehr oder weniger von der Existenz dessen, was man sich einbildet, überzeugt.

Jemand der sich einbildet, er sei krank, empfindet sich als tatsächlich krank, auch wenn es «nur» Einbildung ist. Er kann also objektiv kerngesund sein, während er im eigenen Erleben ganz anderer Überzeugung ist. Eingebildete Schönheit wird einem Menschen vorgeworfen, wenn sein eigener Eindruck von seiner Attraktivität wesentlich von der (weniger schönen) Realität abweicht.

Diesen Beispielen ist gemein, daß das subjektive Bild vom objektiven erheblich abweicht, **vom Subjekt aber dennoch als objektiv wahrgenommen wird**.

Es ist entscheidend, zwischen beiden Begriffen zu unterscheiden, weil im Training die Vorstellung eine sehr wichtige Rolle spielt. Die eintretenden Körperwahrnehmungen sind jedoch nicht eingebildet, also unreal, sondern tatsächlich vorhanden. Ihre Wirklichkeit ist meßbar.

Im Gegensatz zur Einbildung geht man bei einer «Vorstellung» davon aus, **daß das, was man sich vorstellt, nicht real existiert**. Man ist sich also bewußt, daß man nicht wirklich krank ist, wenn man sich die Krankheit vorstellt. Die Vorstellung ist ein «was wäre, wenn etwas so und so wäre».

Im AT kann und soll sie das Zustandekommen des Vorgestellten begünstigen. Hier wird also die Vorstellung als Phantasiegebilde betrachtet. Diese Phantasie hat allerdings – in einem gewissen Rahmen – die Kraft, andere Wirklichkeiten zu schaffen.

Die Vorstellung eines negativen Erlebnisses in unserer Vergangenheit kann sehr unangenehme aktivierende Reaktionen in uns hervorrufen. Die Vorstellung der Gefühle, die Sie haben, wenn Sie an einem geschützten, angenehmen Ort liegen und die Geborgenheit genießen, hat einen sehr beruhigenden Einfluß. Deshalb können Sie derartige Bilder nutzen, um zur Ruhe zu finden.

4.6 Konzentration

Auch dieser Begriff wird häufig mißverständlich benutzt. Eine Klärung kann dazu beitragen, besser zu verstehen, wie die Sensibilität für körperliches und psychisches Geschehen gefördert werden kann.

«Ich kann mich einfach nicht auf meinen Körper konzentrieren. Zuviele Gedanken schwirren mir durch den Kopf.» «Die Geräusche lenken mich zu sehr ab, deshalb kann ich mich nicht auf meinen Körper konzentrieren, obwohl ich es mit aller Kraft versuche.» Solche Sätze sind in den Kursen recht häufig zu hören. Besonders problematisch wird die Konzentration zuhause erlebt, wenn kein Trainer in die Ruhe hineinführt.

Es muß grundsätzlich unterschieden werden zwischen zwei Möglichkeiten, sich zu «konzentrieren»:

Erzwungene Konzentration

Diesen meist mühevollen Zustand kennen wir alle aus manchen Fächern unserer Schulzeit. Auch heute noch gibt es Situationen, in denen wir uns zwingen, etwas zu durchdenken, zu lesen oder sonstwie geistig zu verfolgen, das uns eigentlich in diesem Moment überfordert oder ganz einfach nicht interessiert.

Dieser Zustand ruft eine körperliche und geistige Anspannung hervor, die mit einer gelassenen Ruhe, wie sie im AT auftreten soll, nichts gemein hat. Schon nach relativ kurzer Zeit müssen wir uns abwenden, ablenken, um uns zu regenerieren.

Interessierte Konzentration

Lesen wir dagegen ein spannendes Buch, oder verfolgen ein uns in diesem Moment interessierendes Gespräch, das uns nicht überfordert, so sind wir einfach dabei. Die Konzentration muß nicht irgendwie erzwungen werden, sondern sie ist einfach da. Das gilt für alles, was uns interessiert und im Moment nicht überfordert.

Auf das Autogene Training angewandt heißt das:
Die einzige Anstrengung, die Sie erbringen müssen, ist, die regelmäßige Übung in Ihren Alltag zu integrieren und während der Übung immer mal wieder auf die zu beobachtenden Körperphänomene zu achten. «Immer mal wieder» heißt, daß Sie sich nicht zwingen sollen, Ihre Aufmerksamkeit permanent auf den Körper gerichtet zu lassen. Das funktioniert meist nicht. Es werden mal mehr und mal weniger Gedanken kom-

men, die Ihre Aufmerksamkeit entführen wollen. Den gleichen Effekt haben manche Geräusche oder Körperempfindungen. Lassen Sie sich ein Stück weit mit diesen Ablenkungen treiben. Versuchen Sie, dabei nicht zu weit vom Körperempfinden weg zu gehen, sondern richten Sie Ihre Aufmerksamkeit immer mal wieder (etwa alle zehn bis dreißig Sekunden) auf die Körpervorgänge.

Selbstverständlich ist es ideal, wenn Sie von Anfang an innerlich hauptsächlich beim Körper und den wesentlichen Vorstellungen bleiben können und da nichts ist, das Sie ablenkt. Aber zu Beginn eines Kurses ist das nicht die Realität. Nur ganz wenige Menschen kommen so ausgeruht und innerlich aufgeräumt in den Kurs, daß ihnen das möglich ist.

Manche Teilnehmer schlafen während des Trainings recht schnell ein. Im Schlaf fehlt jedoch die für den erwünschten Lerneffekt notwendige Konzentration auf die Körperwahrnehmung, weshalb eine Reflexbildung nicht möglich ist. Schnelles Einschlafen zeigt eine gute Fähigkeit zur Entspannung oder einfach Erschöpfung an. Aber während des Schlafes lernen Sie kein Autogenes Training.

Um den schnellen Schlaf zu verhindern, können Sie die Übungszeit verkürzen. Das heißt, die Zeitabstände zwischen den Formeln werden verringert, wie auch die für eine einzelne Übung aufgewendete Zeit. Dafür sollten Sie häufiger üben. Außerdem sollte nicht nur im Bett unmittelbar vor dem abendlichen Einschlafen trainiert werden.

4.7 Verändert sich mein Bewußtsein, wenn ich Autogenes Training anwende?

Beginnt man, über das Bewußtsein nachzudenken, stellt sich heraus, daß es schwierig zu erfassen ist. Wo liegen die Grenzen? Wann beginnt das Unbewußte? Im indischen Yoga wird zwischen vier Bewußtseinszuständen unterschieden: es gibt das Tagesbewußtsein, das Bewußtsein des Schlafes mit Träumen, das ohne Träume und das kataleptische Bewußtsein (Eliade). Letzteres ist für uns uninteressant, weil es nur über spezielle Atemübungen, die sehr konsequent und lange durchgeführt werden müssen, erreichbar ist. Aber die Grenzen zwischen den anderen drei Zuständen können fließen. Hin und wieder erfahren wir derartiges, wenn wir uns während eines Schlafes plötzlich bewußt werden, daß wir träumen.

Bei fortgeschrittenen Teilnehmern ist zu beobachten, daß sie sich während einer Anwendung sehr schnell aus dem Alltagsbewußtsein ausblenden. Hinterher berichten sie, daß sie zwischen «Schlaf» und dem Hören meiner Worte hin und her gependelt sind. Es ist anzunehmen, daß sie nicht geschlafen haben, sondern in einem Zustand eingeengter Aufmerksamkeit waren, wie er aus der Hypnose bekannt ist (Bongartz & Bongartz). Das erinnert an Tagträume. Jeder kennt diese recht häufigen geistigen Abwesenheiten vom aufmerksamen Wachbewußtsein. Auch mit geöffneten Augen hat unser Gehirn die Fähigkeit, alle Wahrnehmungen, die außerhalb liegen, auszublenden und sich einem Gedanken oder inneren Bild zuzuwenden. Manchmal wissen wir auch gar nicht mehr, was in dieser Zeit passiert ist.

Ich begreife Bewußt-Sein als etwas, das nicht nur im Gehirn, sondern im ganzen Körper angesiedelt ist und sich in ständiger Bewegung befindet. Dabei wird es vielfältig von körperlichen und psychischen Prozessen und von außerhalb des Körpers liegenden Ereignissen beeinflußt. Durch die Anwendung des AT wird die Bewußtheit für den Körper stark gesteigert. Mit der Zeit werden aber auch andere Wahrnehmungen außerhalb des Körpers und innerhalb der Psyche differenzierter registriert. Die Wahrnehmung überhaupt kann bewußter gelenkt werden, weil durch die Übung eine Schulung im Umgang mit unseren Sinnen erfolgt. Seit unserer Kindheit benutzen wir unsere Sinne ganz selbstverständlich, ohne viel darüber nachzudenken. Indem wir gezielt lernen, uns bewußt auf das einzulassen, was in unser Bewußtsein kommt, lernen wir auch, klarer und umfassender wahrzunehmen, was uns umgibt und wie wir darauf reagieren.

Diesen Aspekt halte ich für außerordentlich wertvoll, wegen seiner großen Auswirkungen auf unser Erleben, auf unser Wohlgefühl und auf unser Lernen über uns und unseren Platz in der Welt.

Die Veränderung der Zeitwahrnehmung muß ebenfalls im Zusammenhang mit der Bewußtseinsveränderung gesehen werden. Wenn die Entspannung sehr tief ist, wird oft von einer langen oder kurzen Zeitspanne berichtet, die objektiv über- oder unterschätzt wird.

Das Bewußtsein hat scheinbar kein korrektes Zeitmaß und keine Erinnerung an Zeiten seiner Abwesenheit. Dagegen kann die Zeitwahrnehmung sehr präzise werden, wenn sie geschult wird. Viele Teilnehmer berichten, daß sie ziemlich exakt nach einer zuvor festgelegten Zeitspanne aus der tiefen Entspannung auftauchen können. Aus dem Alltag kennen wir die Erfahrung, morgens zu bestimmten Zeiten ohne Wecker aufzuwachen. Bei einem Freund konnte ich einmal erleben, wie er die zeitliche Länge bestimmter Geschehnisse, die ungefähr zehn bis zwanzig Minuten dauerten, mehrmals hintereinander mit einer Abweichung von wenigen Sekunden abschätzen konnte. Er berichtete mir hinterher, daß er dieses Zeitgefühl beim Dauerlauf trainiert hatte. Unbewußt hat unser Körper also die Möglichkeit, Zeit exakt zu erfassen. Die Nutzbarmachung dieser Fähigkeit kann im AT geschult werden, indem Sie sich bei jeder Anwendung vornehmen, nach einer bestimmten Zeit die Übung zu beenden. Auf diese Weise wird die Zeitvorgabe zunehmend genauer eingehalten.

Es ist immer wieder zu beobachten, daß während der Übung erlebte, sehr kurze aber mehrmals vorkommende wache Unruhephasen nach der Übung zu einer einzigen lückenlosen Erfahrung verdichtet werden, so daß der Teilnehmer den Eindruck bekommt, er habe sich überhaupt nicht entspannt, sondern sei die ganze Zeit wach und unruhig gewesen. Auf die Nachfrage, was er wahrgenommen hat, vermochte er aber nicht zu schildern, was ich während der Übung gesprochen hatte. Entgegen seiner eigenen Einschätzung war er also offensichtlich nicht wach gewesen.

Wir wissen meist nicht aus uns selbst heraus, wann wir gerade nicht bewußt waren. Ein Teilnehmer eines AT-Kurses berichtete unmittelbar nach seiner sechsten Sitzung, er habe dieses Mal ausnahmsweise nicht den Erfolg verspürt, wie es bisher schon üblich geworden war. Es sei ihm heute einfach nicht möglich gewesen, sich zu entspannen. Auf diese Äußerung antworteten die anderen Teilnehmer mit Belustigung. Der Patient hatte nämlich geschnarcht, war offensichtlich mit seinem Bewußtsein nicht anwesend gewesen. Vermutlich war er es gewohnt, während der Übung ein bewußtes Wohlgefühl zu erleben. Aufgrund einer Erschöpfung war er dieses eine Mal statt dessen in eine tiefere Ebene hineingeglitten, die ihm mehr von dem gab, was er in dieser Situation nötig hatte. Zu seiner negativen Bewertung dieser Sitzung führte die Verknüpfung des vor der Übung bewußt erlebten Unwohlseins und des fehlenden Bewußtseins der Entspannung.

Ähnliche Widersprüche zwischen von außen sichtbarer Ruhe und eigenem Erleben sind bei tieferen Entspannungen häufig zu beobachten.

Um Angst vor einem Abtauchen in unbekannte Zustände, aus denen man nicht mehr herauskann, entgegenzutreten, muß grundsätzlich gesagt werden,

daß das AT keinen anderen Zustand hervorruft, als wir ihn aus den alltäglichen Ruhephasen kennen.

Davon unabhängig kann davon ausgegangen werden, daß in Ruhe das Bewußt-Sein ein anderes ist als unter Anspannung. Je ruhiger wir werden, desto größer ist der Unterschied – bis hin zum Fehlen der bewußten Wahrnehmung, wie wir das aus dem Schlaf kennen. Zunächst ist es aber gleichgültig, ob diese Ruhe durch ein Nickerchen auf dem Sofa, durch einen Tagtraum am Schreibtisch, oder durch AT, Meditation, Yoga oder ein anderes Entspannungsverfahren hervorgerufen wird. Das was Sie in einem solchen Zustand denken und empfinden, ist Ihnen gleichermaßen vertraut oder unvertraut, da es alltägliche Erfahrungen sind.

Mit zunehmender Routine in irgendeinem Entspannungsverfahren werden Sie lernen, bewußter mit Ihrer Aufmerksamkeit umzugehen. Weil Ihre Aufmerksamkeit aber gleichzeitig maßgeblich beeinflußt, was Ihnen bewußt ist, können Sie mehr und mehr lernen, den Inhalt Ihres Bewußtseins zu steuern. Sicher nicht vollständig, aber zunehmend besser.

Das kann auch als Verbesserung der Konzentrationsfähigkeit bezeichnet werden. Diese Veränderungen laufen langsam und kaum merklich ab. Irgendwann stellen Sie fest, daß Sie sich deutlich besser als früher konzentrieren können. Vielleicht ohne diese Veränderung mit dem AT in Verbindung zu bringen.

Diejenige Bewußtseinsveränderung, die am schnellsten auffällt, ist die zunehmend bessere Repräsentation Ihres Körpers in Ihrer Wahrnehmung. Das Bewußtsein wird damit um eine sehr wichtige Komponente erweitert. Viele Teilnehmer haben überraschend wenig bewußten Kontakt mit ihrem Körper. Manche wissen nicht, wie sich Schwere anfühlt oder was mit Körperwärme gemeint ist. Noch weniger spüren den Bauch oder die Stirn. Kaum einer kann die Zehen getrennt voneinander bewußt unterscheiden. Diese letzte Wahrnehmung spielt zwar für das Erlernen des AT keine Rolle, aber Sie können im Laufe der Zeit feststellen, daß Sie recht bald Körperteile, Spannungszustände oder Vorgänge spüren, die zuvor nicht oder nur in Ansätzen präsent waren.

Konnten Sie vor Kursbeginn Ihre Schwere nicht spüren, weil Sie nie darauf geachtet haben, so werden Sie nach einigen Wochen der Übung nicht nur das Gefühl für Ihr eigenes Körpergewicht wesentlich verbessert haben, sondern ganz gezielt Muskeln entspannen können, die Sie vor dem Erlernen des Autogenen Trainings vielleicht nie auch nur gespürt haben. Und dazu genügen dann wenige Sekunden, und es geschieht durch die Aufmerksamkeit, die Sie darauf lenken und die Wirksamkeit der Reflexe, die Sie bis dahin eingeübt haben.

Folgt man diesem Gedankengang, so fällt es leicht, sich vorzustellen, daß auch andere Inhalte wie Gefühle und Gedanken umfassender und intensiver wahrgenommen werden können, indem durch ein entsprechendes Training die Aufmerksamkeit immer wieder darauf gerichtet wird. Gleichzeitig wird durch die Aufmerksamkeitslenkung der eigene Einfluß auf das Wahrgenommene erweitert.

Ein fortgeschrittenes Gebiet ist die Lenkung der Wahrnehmung auf die eigenen Gefühle. Es ist sicherlich sehr lohnend, einen bewußteren Umgang damit anzustreben. Das gesteigerte Bewußt-Sein eigener Gefühle kann als Voraussetzung genutzt werden, um die Ursachen für störende Gefühle zu finden – und somit eine wichtige Vorbedingung für ihre Veränderung zu erfüllen. Denn unser Befinden wird von – oft unbewußten – Gefühlen stark beeinflußt.

Wie aus dem eben beschriebenen folgt, ist eine Steigerung des Selbst-Bewußt-Seins fast zwangsläufig eine Konsequenz des AT, auch wenn «nur» geübt wird, ohne jeden weitergehenden Anspruch als den auf momentane Entspannung.

Der Unterschied zwischen Bewußtem und Unbewußtem

Obwohl diese beiden Begriffe als zwei Ebenen der Psyche unterschieden werden, ist doch nicht immer ganz klar, welche Aufgaben und Inhalte ihnen zugeordnet werden sollen. Das Unbewußte ist nicht direkt erfahrbar, es kann nur darauf geschlossen werden, soweit es einen Einfluß auf unser Verhalten und Erleben hat.

Es ist eine jedem zugängliche Erfahrung, daß die meisten Körperfunktionen überwiegend unbewußt ablaufen. Es kann sogar zu Schwierigkeiten führen, wenn das Bewußtsein die Kontrolle übernehmen möchte. Das wird leicht deutlich an der Atmung, die meist reibungslos verläuft, solange ihre Steuerung außerhalb des Bewußtseins verbleibt, aber schwierig werden kann, wenn bewußt versucht wird, richtig zu atmen.

Das Unbewußte führt auf der körperlichen Seite aus, was das Bewußtsein beabsichtigt – soweit es in seiner Macht liegt. Aus dem Unbewußten kommen Gefühle, Erinnerungen und Ideen in das Bewußtsein. Die Verflechtung zwischen beiden Instanzen ist sehr eng – und wenig bewußt (Gadenne). Es scheint auch so zu sein, daß wir noch weit mehr Möglichkeiten haben, auf unbewußte Ressourcen zurückzugreifen, um uns gesund zu erhalten und weiter zu entwickeln, als wir normalerweise denken. Vielleicht begrenzt auch das fehlende Bewußtsein über diese Ressourcen ihre Nutzung. Obwohl wir in jedem Augenblick unserer Existenz durch die Zuverlässigkeit der unbewußt in uns ablaufenden Prozesse leben, würdigen wir diese Vorgänge nicht in dem Maße, wie es ihnen eigentlich zukommt. Sie erhalten unsere Gesundheit nicht nur im Schlaf, sondern sorgen auch dafür, daß wir gehen, autofahren oder sprechen können, um nur einige offensichtliche Beispiele zu nennen.

Durch die Anwendung des Autogenen Trainings können Sie also auch lernen, wieder vermehrt Ihrer eigenen unbewußten Weisheit zu vertrauen und Wege zu ihrer Nutzung zu gehen.

4.8 Anleitung zum Erlernen des Autogenen Trainings mit Hilfe des vorliegenden Textes.

Als Übungsgrundlage dient die Beschreibung der Formeln in Kapitel fünf. Dort ist auch dargestellt, welche konkreten Schritte zu ihrer Einübung notwendig und ausreichend sind.

Wenn das AT für Sie völlig neu ist, sollten Sie die Kapitel eins bis vier lesen. Sie gehören zwar nicht zum Training, helfen aber, das nötige Verständnis über die Wirksamkeit und die erreichbaren Ziele zu erwerben.

Bevor Sie mit der ersten Formel beginnen und sich der eigenen Schwere zuwenden, nehmen Sie eine der bereits beschriebenen Haltungen ein. Dann schließen Sie Ihre Augen und orientieren sich zunächst auf die Geräusche, die Sie umgeben – nachdem Sie alle vermeidbaren Geräuschquellen ausgeschlossen haben. Versuchen Sie, jedes einzelne Geräusch zu hören. Wehren Sie sich nicht gegen die vorhandenen Töne. Vielleicht gefällt Ihnen der Gedanke, daß andere Menschen arbeiten und dabei Lärm verursachen, während Sie hier liegen und die Dinge geschehen lassen können.

Hilfreich kann die folgende Vorstellung sein. Sie können sie auch so verändern, daß Bilder oder Erinnerungen in ihr enthalten sind, die für Sie persönlich Ruhe und Distanz darstellen:

Während jeder Entspannung werden immer wieder Geräusche an Ihrem Ohr vorbeikommen. Auch wenn Sie damit nichts zu tun haben wollen. Genauso ist es mit Ihren Gedanken. Behandeln Sie den ständigen Fluß dieses lebendigen Geschehens wie einen Zug, der an ihnen vorüberfährt. Sie können in ihn einsteigen und sich mitnehmen lassen. Sie können ihn aber auch vorüberfahren lassen, seine Fahrgeräusche hören und den Fahrtwind spüren. Das ist etwas, das mit Ihnen eigentlich nichts zu tun hat. Der Zug liegt außerhalb. Irgendwann ist er zu Ende und sein Geräusch entfernt sich. Vielleicht kündigt sich schon der nächste als kleiner Punkt in der Ferne an.

Vielleicht möchten Sie sich vorstellen, sich ein Stück weiter weg gemütlich auf einen schönen Aussichtspunkt zu setzen, um dem Geschehen in aller Ruhe aus einer sicheren Entfernung zuzusehen, während kaum noch Geräusche an Ihr Ohr dringen und das dort vorne seine Dringlichkeit allmäh-

lich verliert. Dabei können Sie Ihre Aufmerksamkeit zunehmend mehr Ihrem Körper zuwenden, um vielleicht irgendwo auch schon das eigene Gewicht zu spüren, mit dem Ihre Glieder sich in die weiche Unterlage drücken.

Zwar sollen Sie die vorhandenen Laute nicht verdrängen wollen, aber Sie sollen sie auch nicht festhalten. Nehmen Sie also ihre Existenz wahr – und erlauben Sie ihnen, wieder aus Ihrem Bewußtsein zu verschwinden. Versuchen Sie dabei passiv zu bleiben, wie ein außenstehender Beobachter.

Wenn Sie an einer Bahnlinie stehen, werden Züge vorüberfahren. Das können Sie nicht verhindern. Aber Sie müssen nicht auf jeden Zug aufspringen, der da kommt. Und wenn Sie doch einmal drauf geraten sind, vielleicht ohne es zu merken oder zu wollen, dann nehmen Sie die Kontrolle wieder in die Hand, sobald Sie es merken. Lassen Sie den Zug an einer geeigneten Stelle anhalten und steigen Sie aus. Treten Sie einen Schritt zurück, dann noch einen und immer so weiter, bis Sie merken, daß jetzt der richtige Abstand erreicht ist.

Genauso verfahren Sie mit Ihren Gedanken. Lassen Sie sie kommen und auch wieder gehen. Vielleicht hilft es Ihnen, wenn Sie Ihre Gedanken in Bilder fassen. So könnten Sie sich vorstellen, wie immer mal wieder bunt gekleidete Ideen in Ihr Bewußtsein kommen, sich dort ein Weilchen aufhalten, um irgendetwas Sinnvolles zu erledigen, und dann, wenn sie ihre Aufgabe erfüllt haben, wieder weggehen.

In meinen Gruppen spreche ich gerne zwischen der Schwere- und der Wärmeformel folgenden Satz:

«Geräusche und Gedanken können kommen und gehen…
wie Wolken am Himmel…
und in der Ferne verblassen wie alte Bilder.»

Im nächsten Schritt wenden Sie Ihre Aufmerksamkeit Ihrem Körper zu. Um sensibler für ihn zu werden, fangen Sie bei der ersten Übung mit einer kleinen Erkundungsreise durch Ihren Körper an. Sie hat den Sinn, Sie für Ihr Körperempfinden zu sensibilisieren und ist der aktiven und wachen Beteiligung an

Ihrem Alltag und der angestrebten, auf sie folgenden Entspannung zwischengeschaltet. Sie wirkt dadurch als distanzierender und einleitender Puffer.

Körperreise

Beginnen Sie mit dem inneren Erspüren Ihrer Finger. Vielleicht können Sie sich vorstellen, daß Sie mit einem inneren Auge in Ihrem Körper spazieren gehen. Nehmen Sie die einzelnen Glieder und auch Gelenke so gelassen wie möglich wahr. Wandern Sie mit Ihrer bewußten Aufmerksamkeit – während Sie bequem und ruhig liegen oder sitzen – über Ihre Unterarme, die Ellbogen, die Oberarme, die Schultergelenke und den Hals bis hin zum Kopf. Von dort wieder zurück über den Hals, den Rücken, die Brust und den Bauch, die Hüften und Hüftgelenke, die Oberschenkel, Knie, Unterschenkel und Füße bis zu den Zehen.

Für diese Reise sollten Sie nicht mehr als zwei bis fünf Minuten aufwenden. Es ist eigentlich auch gleichgültig, an welcher Körperstelle Sie anfangen und aufhören. Wichtig ist es, einen Einstieg in die Empfindungen des Körpers zu finden. Bei späteren Übungen brauchen Sie diese Reise nicht mehr zu veranstalten, es spricht aber auch nichts dagegen, es doch zu tun, wenn es Ihnen gefällt. Es kann sehr hilfreich sein, zumindest in den ersten Tagen diese allgemeine Körperwahrnehmung den eigentlichen Formeln voranzustellen. Wie eine allmähliche Überleitung von der soeben noch erfolgten Anstrengung hinaus in den Abstand und hinein in die Ruhe.

Während der Übung liegen oder sitzen Sie also still da und spüren Ihren Körper. Nun beginnen Sie mit der ersten Formel. Sie helfen Ihrer Wahrnehmung auf die Sprünge, indem Sie sich an Situationen erinnern, in denen Sie die körpereigene Schwere besonders intensiv gespürt haben. Dann lenken Sie Ihre Aufmerksamkeit wieder auf den Körper und spüren in sich hinein, wo im Körper Sie in diesem Moment ein Schweregefühl empfinden. Sie sagen sich die Formel in Gedanken einige Male vor, um nach einer Gesamtübungszeit von ungefähr drei bis zehn Minuten die Übung durch körperliche Anspannung zu beenden.

Nach einigen Tagen der regelmäßigen Übung – einwöchige Abstände zwischen den verschiedenen Formeln bieten sich an –

nehmen Sie die Vorstellung der Wärme hinzu. Genauso verfahren Sie nach und nach mit allen anderen Formeln.

Hin und wieder entsteht die Frage, ob die Formeln nicht laut vorgesprochen werden sollten. In der Regel sollten Sie das nicht tun, weil es die Tiefe der Entspannung begrenzt. Es kann jedoch sinnvoll sein, wenn Sie überhaupt nicht fähig sind, sich auf die Empfindungen zu konzentrieren, sondern immer wieder sofort abschweifen. Dann erleichtert das aktive Sprechen die Konzentration. Sehr bald wird es jedoch eher störend, wenn Sie nämlich gelernt haben, beim Körper zu bleiben und durch die eigene Stimme und die für das Sprechen notwendige Anstrengung von der Ruhe abgelenkt werden.

Nun noch einmal knapp zusammengefaßt die **Anleitung**, die Sie befolgen sollten, falls Sie diesen Text als einzige oder wesentliche Grundlage für das Erlernen des AT benutzen:

1. **Lesen Sie die Formeln und den dazugehörigen Begleittext aufmerksam durch. Merken Sie sich den Wortlaut der Standardformel(n) gut.**
2. **Nehmen Sie die Haltung ein, in der Sie entspannen wollen (wie oben beschrieben).**
3. **Schließen Sie die Augen. Lassen Sie Geräusche und Gedanken kommen, aber auch wieder gehen.**
4. **Orientieren Sie sich auf die Empfindungen Ihres Körpers.**
5. **Sprechen Sie sich innerlich die Formeln vor und beobachten Sie, wo im Körper Sie Entsprechendes wahrnehmen. Nutzen Sie Ihre sinnlichen Erinnerungen, um eine intensive Vorstellung vom Ziel der Formel zu bekommen.**
6. **Nehmen Sie die Entspannung behutsam zurück, indem Sie tief durchatmen, die Muskeln anspannen, sich strecken und schließlich die Augen öffnen.**

Diese Reihenfolge halten Sie bei jeder Übung ein, bis Sie alle Formeln auf diese Weise erlernt haben. Auch danach sollten Sie nur im Ausnahmefall von diesem Schema abweichen und etwa einzelne Formeln herausgreifen (siehe Kapitel acht).

B
Die Übungen

5. Die Formeln in den einzelnen Kursstunden

Die Formeln fassen die körperlichen Reaktionen in Worte, die die Entspannung begleiten. Der Wortlaut der Sätze, sowie die Reihenfolge, in der sie hintereinander geübt werden, sollte anfangs möglichst konstant bleiben. Gerade zu Beginn der Einübung würde ein Variieren die Bindung zwischen Entspannung und Körperwahrnehmung erschweren. Nach Ende des gesamten Kurses können Sie – nun schon mit einiger Kompetenz – die Formulierungen so abwandeln, wie Sie für Ihre Vorstellungswelt am besten passen. Aber auch dann sollten Sie im großen und ganzen bei den gewählten Sätzen oder Vorstellungen bleiben.

Es entwickelt sich immer mal wieder die Frage, warum die Zahl der Formeln nicht auf die ersten beiden Themen, nämlich die der Schwere und der Wärme beschränkt werden. Für eine solche Verkürzung spräche die gute Präsenz dieser Wahrnehmungen im Bewußtsein und die entsprechend schnelle Wirkung auf die Entspannung schon zu Beginn eines Kurses. Auch fällt es vielen Teilnehmern eher schwer, ihren Körper so weitgehend zu spüren, wie es zur Wahrnehmung der anderen Formelinhalte nötig ist. Nehmen noch mehr als die Hälfte der Teilnehmer ihren Herz- oder Pulsschlag wahr, so sind es bei der Stirnformel nur noch schätzungsweise zehn bis zwanzig Prozent, die von Anfang an eine kühle Stirn spüren.

Ungeachtet der Tatsache, daß schon nach kurzer Zeit der überwiegende Teil der Gruppe die meisten Phänomene spürt, wird hin und wieder die Frage gestellt, ob sich die Mühe denn lohne.

Für eine solche Hinwendung auch zu den anderen Formeln sprechen mehrere Argumente:

Die Entspannung des Körpers wird nicht nur von Schwere und Wärme begleitet, sondern auch die anderen angesprochenen Reaktionen (ruhigere Atmung, niedrigere Herzfrequenz, warmer Bauch, kühle Stirn) gehören dazu.

- Die Wahrnehmung jedes weiteren Phänomens – über die beiden ersten hinaus – bestätigt die Ruhe und vertieft sie ganz wesentlich. Das alleine wäre Grund genug, sich nicht mit der Einübung der ersten beiden Formeln zu begnügen.
- Darüber hinaus erweitert sich das Bewußtsein für den Körper und die in ihm ablaufenden Prozesse durch die Anwendung der weiteren Formeln.
- Das vielleicht gewichtigste Argument gegen eine Beschränkung im oben genannten Sinne ist jedoch die Möglichkeit, durch eine Bewußtwerdung der einzelnen angesprochenen Organe einen positiven Einfluß auf ihre Funktionen zu erhalten. Die daraus resultierende heilende Wirkung bei bestimmten Störungen ist ebenso eine wertvolle Konsequenz wie die vorbeugende Wirkung auf eventuelle Funktionsstörungen.

Nachfolgend stelle ich neben den Standardformeln auch mögliche andere Formulierungen vor. Die von mir als Standardformeln bezeichneten Sätze verwende ich in meinen Gruppen. Sie haben sich in den vergangenen Jahren bewährt. Die Alternativen sind Sätze, die hilfreich sein können. Daneben sind allerdings auch eigene Formulierungen vorstellbar, die ähnlich effektiv oder sogar besser dazu verhelfen können, Ihren Körper auf Ihre ganz persönliche Art zu erspüren.

In anderen Anleitungen wird ein Kurs mit der Schwere in nur einer Hand oder auf nur eine Körperseite begonnen. Bisher bin ich nie so verfahren, sondern habe die Formeln in jedem Kurs von Anfang an auf alle Glieder bezogen. Die Erfahrung zeigt, daß eine Zerlegung in kleinere Einheiten ein unnötiger Umweg ist.

5.1 Die Schwere des Körpers

Standardformel: **Meine Arme und Beine sind angenehm schwer**

Voraussetzung für die Übung

Nicht die **Herstellung** von Schwere ist das Ziel. Das ist weder möglich noch nötig. Wir haben alle ein gewisses Gewicht, das sich in diskreten Zeiträumen auch nicht wesentlich verändert. **Dieses Eigengewicht gilt es zu spüren**. Voraussetzung für die Wahrnehmung der eigenen Schwere ist eine gewisse Sensibilität für den eigenen Körper. Eine solche Empfindsamkeit bildet sich spätestens im Verlauf des Kurses und des eigenen Trainings aus, in dem Sie ihre innere Aufmerksamkeit immer wieder auf das Körpererleben richten. Auch Skeptikern gelingt es in der Regel schon nach wenigen Übungen, Teile ihres Körpers und der eigenen Schwere zu spüren.

Wodurch kommt eine Schwereempfindung zustande?

Jeder weiß, daß sein eigener Körper schwer ist. Dieses Gewicht verändert sich auch nicht innerhalb weniger Minuten der Ruhe.

Anders verhält es sich mit der **Empfindung** des eigenen Gewichts. Die Wahrnehmung der eigenen Pfunde kann sehr wohl beträchtlich schwanken. Ganz allgemein können Sie beobachten, daß sie sich umso leichter und beschwingter fühlen, je aktiver, je weniger müde Sie sind. Umgekehrt spüren Sie die Schwere des eigenen Körpers besonders intensiv bei Entspannung, Müdigkeit und Erschöpfung.

Es ist von großem Vorteil, sich an ein angenehmes Gefühl der Schwere zu erinnern. Je deutlicher Sie das können, desto leichter fällt es Ihnen, das Eigengewicht Ihres Körpers auch im Moment der Übung wahrzunehmen. Deshalb sollten Sie bewußt viel Sorgfalt auf die Wahrnehmung dieser Empfindung legen.

Eine Möglichkeit, die eigene Schwere zu spüren, kann auch darin bestehen, einen Arm oder ein Bein für einige Minuten frei in der Luft schweben zu lassen. Dabei sollten Sie sich nicht unter den Druck setzen, es besonders lange aushalten zu können. Der einzige Sinn ist die bewußte Wahrnehmung des Gewichtes, mit dem Ihr Arm (oder Bein) zur Erde gezogen wird.

Nach ausreichend langer Zeit regelmäßiger Übung (für einige Wochen mindestens einmal täglich) genügt die Wahrnehmung alleine der Schwere, um eine spürbare Entspannung im gesamten Organismus zu erreichen.

Erleichternde Vorstellungen

Nehmen Sie sich – auch bei den folgenden Formeln – die Zeit, die jeweilige Vorstellung in Ihrer Phantasie oder aus Ihrer Erinnerung möglichst lebendig entstehen zu lassen.

Bei dieser Formel können Sie sich an das Gefühl erinnern, das sie nach einer langen Wanderung oder nach einem mehrstündigen Einkaufsbummel in den Füßen oder Beinen verspüren. So ist der Eindruck, die Schuhe würden gegen Ende des Weges immer schwerer, vielleicht in Ihrer Erinnerung geblieben. Und die Erleichterung, sich mit seinem ganzen Gewicht endlich auf die Bank (im Wirtshaus, am Ende der Wanderung) oder auf den Stuhl (im Kaufhaus) sinken lassen zu können. Und das Gefühl, in nächster Zeit nicht wieder aufstehen zu wollen oder zu können.

Die gleiche Schwere der Glieder kennen Sie von jeder körperlichen Arbeit, die die Muskulatur anstrengt. Es fällt nach einiger Zeit zunehmend schwerer, die Bewegungen auszuführen. Das Gewicht der Hand, des Armes scheint zuzunehmen.

Einen Turm ersteigen, einen Berg hinaufgehen, läßt mitunter regelrecht den Eindruck entstehen, der Körper würde durch seine eigene Schwere sogar schrumpfen, je höher ohne Pause gestiegen wird.

Es hilft auch, sich an das Tragen schwerer Lasten zu erinnern. Hier ist der Einkaufskorb zu nennen, ein Eimer Wasser oder auch ein Koffer, der anfangs noch nicht zu schwer scheint, aber nach wenigen Metern schon zu einer mühevollen Last werden kann.

Auch der bildhafte Eindruck der Schwere, ohne tatsächliche Erinnerung, kann die Körperempfindung unterstützen. Aus dem Tierleben kennen wir die Elefanten, deren Füße bei jedem Schritt den Boden erbeben lassen, ebenso das Nashorn, oder das Flußpferd, das im Wasser sogar elegant wirken kann, außerhalb aber sehr an seiner Schwere trägt.

Im Wasser entspannt sich die Muskulatur des Körpers besonders gut, weil das Wasser eine teilweise Schwerelosigkeit hervorruft. Es trägt einen Teil des Gewichts. Dadurch kann sich die Muskulatur etwas entspannen. Sicherlich erinnern Sie sich an den Eindruck, den Sie hatten, wenn Sie beispielsweise in der Badewanne lagen und langsam und bewußt Ihre Arme über die Wasseroberfläche hoben. Je weiter die Glieder sich aus dem Wasser herausheben, desto deutlicher nehmen Sie ihre Schwere wahr. Sobald die Arme das Wasser verlassen haben, muß ihr volles Gewicht von der Muskulatur getragen werden. Dieses Anspannen-müssen wird als Schwere empfunden.

Es gibt weitere Beispiele für Schwereempfindungen. Vielleicht gibt es für Sie ein bestimmtes Erlebnis, das besonders das Gefühl der Schwere repräsentiert und Ihnen deshalb eindrücklich helfen kann, das Gewicht Ihrer Glieder wahrzunehmen. Nutzen Sie die Wirkung Ihrer Erinnerungen während der Übung.

Versuchen Sie von nun an, die eigene Schwere in Ihrem Alltag bewußter zu beachten. Das erleichtert die Körperwahrnehmung ganz wesentlich.

Nocheinmal zur Verdeutlichung: Alle diese Vorstellungen sind Brücken zur Wahrnehmung der eigenen **augenblicklichen** Schwere. Es geht nicht darum, schwerer zu werden, sondern das eigene Gewicht in der Entspannung zu spüren, um die Reflexe zu fördern, die nach einigen Wochen regelmäßiger Übung die Entspannung zuverlässig herbeiführen werden.

Anwendung der Formeln

Während Sie der Entspannung Raum geben, erinnern Sie sich an das Gefühl der Schwere und fühlen einmal hinein, wo im Körper Sie während der Übung das Gewicht der Glieder spüren. Oft ist es an den Stellen, an denen der Körper aufliegt, besonders deutlich.

Ziel ist die **Wahrnehmung** des vorhandenen Gewichts der Glieder – nicht das Spüren oder gar «Machen» von **mehr** Gewicht. Normal ist eine anfänglich ungleichmäßig verteilte Empfindung. Nach einigen Übungstagen werden die Wahrnehmungen allerdings gleichmäßiger.

5.2 Die Wärme der Haut

Standardformel:	**Meine Arme und Beine sind angenehm warm**
Mögliche andere Formel:	Mit jedem Ausatmen strömt Wärme in Arme und Beine

Voraussetzung für die Übung

Zunächst ist es wichtig, günstige Voraussetzungen zu schaffen, die es Ihnen überhaupt ermöglichen, die Wärme des Körpers zu spüren. Sie sollten sich dazu auf eine warme Unterlage legen oder setzen. Wenn Sie kein Bett, Sofa oder ähnliches zur Verfügung haben, können Sie eine Decke oder Iso-Matte als Unterlage auf den Boden legen. Sollte der Raum kühl sein, decken Sie sich am besten auch noch zu oder ziehen sich warm an. Sie sollten berücksichtigen, daß der Körper in Ruhe weniger Wärme bildet, aber mehr davon abgibt. Sie können sich also anfangs noch sehr warm fühlen und trotzdem nach einer halben Stunde – bei unveränderter Raumtemperatur – zu frieren beginnen, wenn Sie sich nicht zudecken.

Wodurch kommt eine Wärmeempfindung zustande?

Unter Anspannung ist die Blutmenge im Körper anders verteilt als in entspanntem Zustand. Bei zunehmender Spannung wird diejenige Muskulatur stark durchblutet, die zur Bewegung benötigt wird (Kraft). Weniger Blut ist dann in der Haut und in den inneren Organen. Es findet eine Gesamtumschaltung statt, mit dem Ziel, den Körper zu befähigen, Leistung zu erbringen. Weniger Blut fließt dann durch die kleinen Arterien in der Haut und durch die für den Aufbau, die Erholung zuständigen Organe. Die Regenerierung unserer Körper wird unter Spannungssituationen nachrangig behandelt.

In entspanntem Zustand ist es dagegen umgekehrt: weniger Blut fließt in der «Arbeitsmuskulatur», mehr davon in der Haut und in den inneren Organen.

Blut ist der wichtigste Wärmetransporteur im Körper. Deshalb empfinden wir dort mehr Wärme, wo sich mehr Blut befindet. So ist es sehr leicht verständlich, daß in Ruhe die Haut insgesamt als warm empfunden werden kann, weil sich auch die kleineren Arterien öffnen und die Haut dadurch insgesamt stärker erwärmen.

In der Entspannung werden also die Arterien in der Haut weiter und das warme Blut strömt vermehrt hinein. Dadurch ist auch schon bei geringer Sensibilität eine deutliche Wärmeempfindung in Armen und Beinen möglich. Zu Beginn ist die Wärme eher in den Fingern zu spüren. Die Füße werden dagegen anfangs oft noch als kalt empfunden. Dieser Unterschied in der Veränderung der Durchblutung kann auch durch Temperaturmessungen belegt werden (Diehl). Tatsächlich wurde in vielen Untersuchungen eine objektive Zunahme der Hauttemperatur um bis zu 7,5 Grad Celsius gemessen (Hoffmann).

In der Formel wird von Armen und Beinen gesprochen, weil der Temperaturunterschied in der sogenannten «Peripherie» (=Arme und Beine mit Händen und Füßen) besonders groß ist.

Wenn nun also der Körper zur Ruhe kommt, wird die Haut besser durchblutet. Dadurch nimmt die Haut auch etwas an Umfang zu. Das kennen Sie von alltäglichen Situationen, in denen Ihnen besonders warm war. Es entsteht dann der Eindruck, Fingerringe und Armbanduhren würden zu eng. Tatsächlich leitet der Körper vermehrt Wärme nach außen, wodurch das Volumen der Haut zunimmt. Häufig kribbelt oder prickelt es dann in den Gliedern. Auch diesen Eindruck kennen Sie: wenn Sie ohne Handschuhe bei niedriger Außentemperatur unterwegs waren, konnten Sie sicherlich hin und wieder beobachten, daß die Finger zunehmend blasser wurden. Das war eine Folge der geringeren Durchblutung der

Haut. Sobald es Ihnen insgesamt wärmer wurde, wurde die Durchblutung der Peripherie wieder erhöht. Sichtbare Folgen waren eine zunehmend rosigere Haut und eine Volumenzunahme. Spürbar war häufig ein Kribbeln und eine zunehmende Erwärmung.

Es ist durchaus möglich, daß sie diese Begleiterscheinungen noch nie bewußt wahrgenommen haben. Zu Beginn des Kurses fällt es manchen Teilnehmern schwer, die Wärme in ihrem Körper als solche zu spüren. Vielleicht haben Sie auch einfach vergessen, wie sich das anfühlt. Sie werden feststellen, daß Sie es im Verlauf des Trainings dennoch recht schnell spüren können.

In diesen Zusammenhang gehört ein Mechanismus, der der gleichen Regelung unterliegt und ein Verständnis der Vorgänge fördert: die Kühlung des Körpers. Von Kursteilnehmern wird – vor allem bei höheren Raumtemperaturen – immer mal wieder eingewendet, daß sie lieber eine Formel zur Kühlung des Körpers hätten, es sei ihnen ohnehin zu warm. Würden sie nun auch noch an Wärme denken, sei es vielleicht gar nicht mehr auszuhalten.

Ist die Raumtemperatur hoch, oder haben Sie sich körperlich angestrengt, so beginnt der Körper sich zu kühlen. Dazu führt er Wärme an die Hautoberfläche, indem er die Durchblutung der kleinen Blutgefäße in der Haut steigert. An der Körperoberfläche wird die Temperatur des Blutes auch durch die Verdunstung von Feuchtigkeit gesenkt, und das nun kühlere Blut fließt wieder zurück in das Körperinnere. Wenn der Körper sich gleichzeitig in Ruhe befindet, produziert er verhältnismäßig wenig Wärme, die Kühlung funktioniert also recht effektiv. Daraus folgt, daß Sie sich umso besser kühlen können, je ruhiger Sie sind und je mehr Blut (= Wärme) in die Haut geleitet wird. Demzufolge wird es Ihnen bei Anwendung dieser Formel an der Haut wärmer, der Körper insgesamt wird aber nach einiger Zeit der Ruhe kühler (Hoffmann). Als Vergleich können Sie sich eine Zentrallheizung vorstellen, die heruntergeregelt wird, weil die Raumtemperatur zu hoch ist. Der Brenner im Keller produziert daraufhin weniger Wärme. Werden nun mehr Heizkörper geöffnet, wird die vorhandene Wärme über eine größere Fläche abgegeben. Der Raumthermostat meldet an die Heizung die Abkühlung, woraufhin die Heizleistung erhöht wird. Äquivalent dazu beginnt der Körper zu frieren und muß sich durch eine Decke schützen oder Wärme bilden.

Ein ständig wiedererlebtes Beispiel der eben beschriebenen Regelungen kennen Sie aus Ihren nächtlichen Ruhephasen. Wenn Sie abends zu Bett gehen, fühlen Sie sich vielleicht sehr warm und bedecken sich dementsprechend wenig. Auch bei gleichbleibender Zimmertemperatur werden Sie nach einiger Zeit zu frieren beginnen, weil in Ruhe mehr Wärme abgegeben als gebildet wird. Instinktiv haben wir deshalb den Drang, uns vor einem längeren Ausruhen zuzudecken, um den Körper vor Auskühlung zu schützen.

Erleichternde Vorstellungen

Wie bereits beschrieben, ist die Bedeutung der Vorstellung für die Veränderung vegetativ gesteuerter Körperfunktionen von sehr großer Bedeutung. Gedächtnisinhalte, die Wärmeempfindungen repräsentieren, sind zum Beispiel:

Das Gefühl der Sonne, die die Haut von außen wärmt. Sicherlich sind Sie schon des öfteren in der Sonne gelegen und gesessen und haben ihre warmen Strahlen genossen. Sie kennen das Gefühl der Wärme, die durch die Haut nach innen strahlt und mehr und mehr zu einer wohligen, tiefen Entspannung führt.

Wenn Sie nicht ohnehin in Ihrem Bett üben, so erinnern Sie sich aber an das Gefühl der Bettdecke auf Ihrem Körper und der wärmenden Tasche, die sie zusammen mit der Matratze bildet.

Ein fast überwältigendes Wärmeempfinden verspüren manche Menschen, wenn sie in das warme Wasser einer Badewanne steigen. Es fällt den Augenlidern dann besonders leicht, schwer nach unten zu sinken. Auch ein Aufenthalt in der Sauna vermittelt beeindruckend die Wärme.

Wohl jeder hat die wohltuende Wirkung eines warmen Fußbades schon einmal genossen. Sie kennen das Gefühl, wenn die Füße in das Wasser hineintauchen und dieWärme auf die Haut übergeht und den Fuß immer tiefer erwärmt. Die Haut rötet sich. Die Adern schwellen mehr und mehr sichtbar und spürbar an. Nach einiger Zeit beginnen die Fußsohlen zu kribbeln und bald brennen sie angenehm. Die Füße werden dicker.

Sie beginnen zu schwitzen. Die Wärme steigt bald nach oben, zunächst in den Unterschenkel und in die Knie. Sie ist irgendwann im Oberkörper angekommen. Schließlich ist die wohlige Wärme am ganzen Körper zu spüren.

Anwendung der Formeln

Für den ersten Satz erinnern Sie sich an das bekannte Gefühl der Wärme, wie oben beschrieben. Sie sollen weder versuchen, Wärme zu produzieren, noch sollten Sie auf ein Gefühl großer oder zunehmender Wärme warten. Anfangs wäre es auch wenig erfolgreich, würden Sie versuchen, bestimmte Körperteile zu erwärmen, indem Sie sich ganz besonders auf diese Teile konzentrieren. Das, was Sie zur Unterstützung Ihres Trainings tun sollen, ist, in der entspannten Haltung, in der Sie sich befinden, die Wärme zu spüren, die Sie in Ihrem Körper vorfinden. Gleichgültig, wo Sie Wärme finden und wie intensiv Sie sie spüren. Dabei werden Sie feststellen, daß Sie vor allem anfangs an den verschiedenen Körperstellen unterschiedlich intensiv gespürt wird. Dieser Unterschied ist ganz normal. Er hat etwas mit der Bewußtheit zu tun, mit der diese Stellen von Ihnen wahrgenommen werden. Die Arme und Hände, an denen recht häufig bewußt Temperatur gespürt wird, werden meist schneller warm empfunden.

Den zweiten Satz verwende ich, weil mir diese Kombination von Ausatmen (= Loslassen der Entspannung) und strömender Wärme sehr stimmig scheint. Viele Teilnehmer haben diesen Eindruck im Laufe der Jahre auch bestätigt. Sie können sich dabei die Arterien als ein Schlauchsystem vorstellen, das sich beim Ausatmen entspannt. Dadurch weiten sich die Wände der «Schläuche», was zur Folge hat, daß mehr Wärme hindurchströmt, die sich dann über die ganze Haut ausbreitet.

5.3 Der Atem

Standardformel:	**Es atmet mich**
Mögliche andere Formel:	Ich überlasse mich meinem Atem

Voraussetzung zur Übung: Loslassen der Kontrolle als Ziel

Eine entspannte Haltung, in der die Atmung nicht eingeschränkt wird, ist wichtig. Wenn der Körper im Sitzen nach vorne gesunken ist, kann das Einatmen dadurch erschwert werden.

Viele Menschen sind bestrebt, die «Richtigkeit» ihrer Atemzüge einzuhalten. Es wird dazu eine bewußte Kontrolle dieser Körperfunktion angestrebt. Allerdings kann eine bewußte Steuerung der Atmung nicht zum gewünschten Ziel führen. Unser Bewußtsein besitzt nämlich nicht die zur Ermittlung des Sauerstoffbedarfs des Körpers notwendigen Informationen. Unbewußt dagegen werden all die Daten, die für eine gesunde Atmung als Vorinformationen nötig sind an das Gehirn gemeldet. Von hier aus werden die Atemzüge unbewußt ständig an den Bedarf angepaßt.

Es muß unterschieden werden zwischen der bewußten Kontrolle, die vermieden werden soll und einer passiven Bewußtheit der Atmung. Einem außenstehenden Beobachter kann die Atmung ganz unverfänglich bewußt sein, weil er sie sieht, vielleicht auch hört und spürt, ohne emotional beteiligt zu sein. Ziel dieser Formel, ist die bewußte **Beobachtung** der Atmung, verbunden mit entspannenden Vorstellungen zum Atmen. An dieser Stelle kann eine bildhafte Vorstellung von Krishnamurti (Jayakar) erhellend wirken:

«Man sollte unbeschwert wie ein Gast in seinem Haus oder seinem Körper leben.
Wenn man Gast ist, ist man mit nichts verhaftet, man geht leichtfüßig über die Erde.»

Demnach ist es das Ziel der Atemübung, oder der Sinn des Autogenen Trainings schlechthin, genau den Abstand von allem zu bekommen was uns berührt, der es uns ermöglicht, nichts so sehr festzuhalten, daß es uns beeinträchtigen würde, müßten wir es irgendwann wieder loslassen. Jeder hat schon einmal erlebt, daß manches gerade dann besonders gut funktioniert, wenn man sich endlich entschlossen hat, keinen Einfluß mehr darauf zu nehmen.

Wenn Sie den Zustand erreicht haben, in dem Sie «die Atmung loslassen» können, sind Sie am Ziel dieser Formel. Vielleicht spüren Sie nun so etwas wie ein schnelles Gleiten in eine tiefere Ruhe. Gleichzeitig haben Sie eine wichtige Voraussetzung erlangt, um insgesamt wesentlich tiefer zu entspannen.

Wodurch beruhigt sich die Atmung?

Durch die Entspannung, die sich im Laufe der Übung im Körper ausbreitet, wird auch der Sauerstoffbedarf gesenkt. Deshalb können die zuständigen Gehirnbereiche Atemfrequenz und -tiefe reduzieren. Das kann so weit gehen, daß die Atmung schließlich kaum noch wahrgenommen wird. Keinesfalls wird sie jedoch durch das AT weniger intensiv als jede Nacht im Schlaf. Es wird also kein in irgendeiner Form bedrohlicher Zustand erreicht werden. Die Körperfunktionen werden mit der gleichen Zuverlässigkeit gesteuert wie im nächtlichen Schlaf auch.

Diejenigen Teilnehmer, denen es gelingt, die bewußte Kontrolle über die Atemfunktionen aufzugeben, berichten über eine besonders tiefe Absenkung der Ruhe bei Anwendung dieser Formel.

Wie kaum eine andere vegetativ gesteuerte Körperfunktion ist die Atmung durch bewußte Eingriffe zu verändern. Um es anhand anderer Organe beispielhaft zu verdeutlichen: weder der Darm, noch der Magen oder die Galle kümmern sich wesentlich darum, wenn wir ihre Funktion bewußt verändern wollen. Aber es ist ohne weiteres möglich, die Luft für einige Zeit anzuhalten oder – auch ohne besondere Gründe – sehr schnell, langsam oder unregelmäßig zu atmen.

Der Spannungszustand des Körpers zeigt sich auch in der Art unserer Atmung. Gelingt es uns, unseren Körper zu entspannen, wird sich auch die Atmung beruhigen. Ähnlich verhält es sich umgekehrt: beruhigt sich die Atmung, wirkt sich das entspannend auf den ganzen Körper aus. Es wäre so betrachtet also von großem Vorteil, würde es uns gelingen, die Atmung zu beruhigen. Wenn überhaupt, erreichen wir ein solches Vorhaben jedoch nicht über eine bewußte Kontrolle. Wir würden im Gegenteil dadurch eher Spannung verstärken.

Ein weiterer Einflußfaktor, der sich sowohl auf die muskuläre Spannung, als auch auf die Atemtätigkeit auswirkt, ist das Gefühl. Wenn Sie von Ängsten geplagt werden oder sich über etwas ärgern – was Ihnen nicht bewußt sein muß – dann wird Ihr Körper bemüht sein, Ihnen die Energie zur Verfügung zu stellen, die sie zur Bekämpfung der Situation brauchen, die Ihre Sorgen ausgelöst haben. Im Rahmen dieser Bereitstellung verändert sich auch Ihre Atmung und Ihre Muskeln spannen sich an. Oft beeinflussen uns Sorgen über lange Zeiten hinweg. Sie sind dann nicht immer bewußt, sondern man hat sie «im Hinterkopf». Sie beeinflussen aber unser Verhalten sowie unsere körperliche Spannung und unsere Art zu atmen. Gelingt es uns, unsere Atmung ohne bewußte Steuerung fließen zu lassen, läßt die Spannung im Körper nach und auch unsere Sorgen verlieren an Gewicht. Gerade zu Beginn eines Kurses fällt es allerdings nicht immer leicht, die Kontrolle über die Atmung loszulassen. Dies ist aber auch gar keine Voraussetzung, um das AT zu erlernen, sondern vielmehr ein gewünschtes Ergebnis.

Hin und wieder erleichtert die absichtlich bewußt gesteuerte Atemtätigkeit im Sinne von Atemübungen die Aufgabe eben dieser Kontrolle. Wenn Sie unter zu großer Spannung stehen, kann der Versuch, die Steuerung der Atmung Ihrem Körper zu überlassen, zu einem Erlebnis der Unruhe führen. In diesen eher seltenen Fällen kann es hilfreich sein, zunächst bewußt ruhig zu atmen, um sich dann nach einigen Minuten wieder der Eigensteuerung zu überlassen. Eine solche Möglichkeit, durch die Kontrolle des Atemverhaltens eine Beruhigung zu erreichen, ist die bewußte Einhaltung eines bestimmten Verhältnisses zwischen Länge des Ein- und Ausatmens. Die folgende Skizze stellt die Längen der Atemphasen dar:

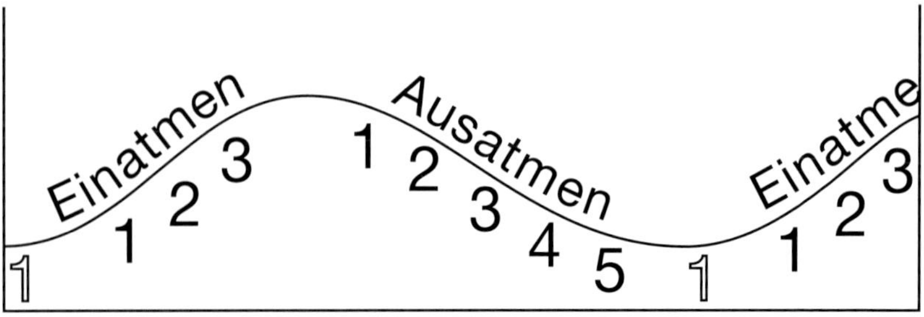

Abbildung 3: Kurve zum Verhältnis der Länge von Ein- und Ausatmung

Sie können beim Einatmen bis drei, beim Ausatmen im gleichen Tempo bis vier oder fünf zählen, vor dem nächsten Atemzug liegt eine kleine Pause. In Zahlen gefaßt beträgt das Verhältnis Einatemzeit zu Ausatemzeit zur Pause vor dem nächsten Atemzug ungefähr 3:5:1. Wieviel Zeit jemand benötigt, um ein- und wieder auszuatmen, ist individuell verschieden. Wichtig ist an dieser Stelle in erster Linie das **Verhältnis** zwischen den einzelnen Atemphasen.

Der Weg, eine unruhige Atmung wieder ruhig werden zu lassen, der dem Körper am besten gerecht wird, ist, zu lernen, ihm die Tiefe und Häufigkeit der Atemzüge selbst zu überlassen, zum Beispiel durch die Anwendung von Autogenem Training.

Eine immer wieder auftauchende Frage ist die nach der Bauch- bzw. Brustatmung. Tatsächlich verhält es sich so, daß wir im Ruhezustand in erster Linie «durch» den Bauch atmen. Natürlich strömt die Luft nie durch oder in den Bauch, sondern immer in die Lunge. Gemeint ist damit vielmehr, daß das Zwerchfell sich beim Einatmen anspannt und auf diese Weise das Volumen der Lunge nach unten erweitert wird. Dadurch können wir sehen, wie der Bauch sich beim Einatmen nach außen wölbt. Entspannt sich nun das Zwerchfell, bewegt es sich nach oben, so daß der Bauch sich nach innen bewegt und die Luft aus den Lungen ausströmt.

Die Phase der Einatmung ist aktiv, d.h. es werden Muskeln angespannt, die das Volumen der Lunge erhöhen und dadurch einen Unterdruck in ihr entstehen lassen. Dieser Unterdruck hat zur Folge, daß Außenluft einströmt. Die Phase des Ausatmens ist dagegen gekennzeichnet von Entspannung: Zwerchfell und Atemmuskeln werden entspannt, dadurch wird die Luft nach außen gedrückt.

Diese Passiv-Phase des Ausatmens kann als Träger oder Vehikel benutzt werden. Oft ganz unbewußt geschieht das, wenn wir seufzen. Diese Art, Luft aus uns herausströmen zu lassen führt – wenigstens für einen Moment – zu einer spürbaren Lösung der Spannung sowohl im körperlichen als auch im psychischen Bereich. Seufzer könnten als Notventil bezeichnet werden. Sie kommen besonders häufig in Phasen längerdauernder Anspannung vor.

Erleichternde Vorstellungen

Eine durch das Bewußtsein nicht kontrollierte Atmung wird in Ruhe manchmal als ein Geschaukelt-werden geschildert. Erinnerungen, die dieses Gefühl vermitteln, sind mit der Gleichmäßigkeit ruhiger Meereswellen verbunden, was in den letzten Jahren dazu führte, daß derartige Aufnahmen auf vielen Tonträgern zu finden sind, die Entspannung vermitteln sollen. Auch das Bild eines Kindes, das an die wärmende Brust der Mutter oder des Vaters gelehnt ruht und dabei sehr intensiv die ruhige Atmung der Eltern spürt, kann hilfreich sein.

Vielleicht mögen Sie das Gefühl, an einem warmen Tag in einem Boot auf einer Decke zu liegen, ohne jede Verpflichtung einfach den Augenblick genießend. Sie fühlen Wärme und spüren das ruhige und gleichmäßige Schaukeln ganz regelmäßiger und sanfter Wellen. Das Gewicht Ihres Körpers drückt Sie in die weiche Decke unter Ihnen. Die Luft ist lau und vom Duft der Natur erfüllt, es sind kaum Geräusche zu hören, manchmal das leise Plätschern der Wellen an der Außenwand des Bootes. Und das sanfte, regelmäßige Schaukeln läßt Sie in tiefer Ruhe genießen.

Wenn Sie Wasser oder Boote nicht mögen, können Sie sich genausogut vorstellen, in einem schönen Garten in einer Hängematte zu liegen. Ein leichter Wind bewegt kaum merklich die Hängematte, so daß sie in stetiges, leichtes Schaukeln gerät. Ihr eigenes Gewicht läßt die Hängematte gleichmäßig weiterschwingen, immer wieder unterstützt auch vom warmen Wind. Der gleiche warme Wind bewegt die Blätter der Pflanzen in ihrer Umgebung und ist als leises Rauschen zu hören. Er trägt den vielfältigen, angenehmen Duft der Natur zu Ihnen.

Eine ruhige Bewegung können Sie auch auf einem Schaukelstuhl im warmen Zimmer empfinden vielleicht neben einem Kachelofen. Dabei können Sie hören, wie bei jeder leichten Schaukelbewegung der Boden unter den Kufen des Stuhles leise knarrt. Ihr Körpergewicht wird von diesen Kufen getragen und auf den Boden über-tragen. Ihre Haut genießt die wohlige Wärme des Ofens.

Vielleicht gibt es andere, Ihnen das gleichmäßige, passive Gefühl des Atmens vermittelnde Vorstellungen. Nutzen Sie sie.

Anwendung der Formeln

«Ich überlasse mich meinem Atem»

In Ruhesituationen benötigen wir weniger Sauerstoff. Deshalb wird die Atmung ruhiger und gleichmäßiger. Die Beobachtung dieser stetigen Bewegung wirkt entspannend. Ziel ist es, sich vertrauensvoll der eigenen Körperrhythmik zu überlassen – die bewußte Kontrolle aufzugeben.

«Es atmet mich»

Mit «Es» kann ganz konkret das Atemzentrum des Gehirns gemeint sein, das die notwendigen Steuerungsfunktionen tatsächlich innehat. «Es geht», «es läuft», «es ist in Ordnung so wie es ist» hat eine ähnliche Bedeutung. Es wird in dem Sinne verwendet, daß man sich um etwas nicht kümmern braucht, weil es in einem bestimmten Rahmen von selbst seinen Gang nimmt. In einer übergeordneten Bedeutung kann «Es» aber auch verstanden werden als das Prinzip, das unser Leben schlechthin erschafft und erhält (Gott, Kosmos oder ähnliches).

Versuchen Sie, so wie ein außenstehender Beobachter, jegliche bewußte Kontrolle der Atmung loszulassen. Sie können sich bildhaft vorstellen, wie Sie die Hände öffnen und Ihren Atem der Fürsorge Ihres vegetativen Nervensystems überlassen.

5.4 Das ruhige und warme Herz

Standardformel:	**Mein Herz schlägt ruhig und gleichmäßig.**
oder:	**Mein Herz ist angenehm warm durchströmt.**
Weitere Formeln:	Mein Herz schlägt ruhig und kräftig. Mein Herz schlägt ruhig und warm. Es durchpulst mich. Mein Puls ist ruhig und gleichmäßig.

Voraussetzungen zur Übung

Das Herz drückt das Blut in gleichmäßigen Schüben in die Arterien. Der Herzschlag setzt sich somit in der Pulswelle durch alle Arterien fort. Es fällt leicht, diesen Pulsschlag an großen Arterien, die an der Körperoberfläche liegen, zu ertasten (z. B. Halsschlagader oder am Handgelenk). Doch auch ohne die Finger anzulegen läßt sich dieses Pulsieren spüren. Oft fällt diese Wahrnehmung an jenen Abschnitten des Körpers leichter, an denen von außen Druck ausgeübt wird, so zum Beispiel wenn der Arm auf der Stuhllehne aufliegt, der Hinterkopf auf einer Decke oder der Rücken sich an eine Stuhllehne drückt.

Achten Sie vor der Übung einmal darauf, wo Sie Ihren Puls- oder Herzschlag spüren und beobachten Sie, was Sie dabei fühlen. Wenn Sie lange genug hinfühlen, stellen Sie vielleicht fest, daß die Häufigkeit und die Stärke, mit der das Herz schlägt, sich manchmal verändern. Eventuell erkennen Sie, daß diese Veränderungen mit Gedanken ebenso zusammenhängen können, wie mit dem Spannungszustand der Muskulatur und mit der Atemfrequenz oder -tiefe. Sie werden in der Ruhephase Ihr Herz auch dann schneller oder stärker schlagen spüren, wenn sie zuvor körperlich sehr aktiv waren. Nach einiger Zeit des ruhigen Liegens oder Sitzens wird sich jedoch ihr Herzschlag beruhigen.

Neben körperlichen gibt es auch psychische Ursachen für eine verstärkte oder beschleunigte Herztätigkeit. Sorgen, Ärger und Ängste können beunruhigend wirken. Es kann durchaus vorkommen, daß Sie in der Übung schon eine gewisse Tiefe erreicht haben und dann durch Gedanken an ein belastendes Ereignis gestört werden. Beispielsweise denken Sie unvermittelt an ein bevorstehendes schwieriges Gespräch, an einen Gerichtstermin, an einen Streit in der Vergangenheit oder auch an eine andere unangenehme, sie belastende Angelegenheit. Ihr Gehirn reagiert in jedem dieser Fälle wie bei einer momentanen Bedrohung. Es leitet diejenigen Mechanismen ein, die dafür sorgen, daß Energie bereitgestellt wird und Sie sich verteidigen können. Dazu gehört eine erhöhte Atemfrequenz ebenso wie eine erhöhte Herzaktivität. Akzeptieren Sie diesen Mechanismus als im Moment für Ihren Körper passend und sinnvoll, so wird nach einer gewissen Zeit wieder Ruhe einkehren. Wehren Sie sich aber dagegen, indem Sie sich ärgern oder mit dem Herzen hadern, so steigern Sie die Herztätigkeit eher noch. Für das Nervensystem ist Ärger nämlich ein weiterer Auslöser zur Erhöhung der sympathischen Aktivität.

Wodurch beruhigt sich die Herztätigkeit?

In der mehr oder weniger tiefen Ruhe, die schon eingetreten ist, sobald Sie bei der Herzformel ankommen, hat sich meistens auch das Herz beruhigt.

Die Umschaltung in den Ruhezustand hat auch eine Entlastung des Herzens zur Folge. Deshalb kann das Herz sich sozusagen ausruhen und langsamer und weniger kräftig schlagen. Die Herztätigkeit sinkt jedoch nicht weiter ab, als sie es im täglichen Schlaf oder in anderen Entspannungssituationen auch tut. Wenn Sie nun Ihre Aufmerksamkeit auf die Herz- oder Pulstätigkeit lenken und das regelmäßige Pulsieren beobachten, wirkt das spannungslösend.

Auf Ängste in Bezug auf die Herztätigkeit wird in Kapitel sieben eingegangen.

Erleichternde Vorstellungen

Die Vorstellung eines Taktgebers für ein Klavier, der auf eine langsame Frequenz eingestellt ist, kann sehr beruhigend wirken. Oder auch hier das Bild eines Kindes, das sich an der Brust der Eltern ausruht, dort Schutz und Geborgenheit findet und vom ruhigen, gleichmäßigen Herzschlag der warmen Brust, an die es sich in tiefem Vertrauen lehnt, begleitet wird.

Für den zweiten Satz, der von der Wärme des Herzens handelt, ist die Vergegenwärtigung eines Schlauchsystems nützlich, durch das bei Ruhe deutlich mehr Wärme fließen kann, weil sich die Schlauchwände entspannen. Sie können sich auch daran erinnern, wie angenehm das Gefühl ist, wenn die Sonne auf Ihre Brust scheint. Sie können sich vorstellen, wie die Strahlen bis tief in Ihre Brust hinein auch Ihr Herz wärmen.

Ein Teilnehmer erzählte, er habe sich vorgestellt, sein Herz sei von zwei wärmenden Händen schützend umgeben. Dieses Bild bewirkte ein warmes Gefühl der Geborgenheit in seiner Herzgegend.

Anwendung der Formeln

«Mein Herz schlägt ruhig und gleichmäßig»

Für einige Teilnehmer ist es anfangs ungewohnt, ihr Herz zu beobachten. Deshalb dauert es hin und wieder ein paar Tage, bis überhaupt wahrgenommen wird, was mit dieser Formel angesprochen werden soll. Grundsätzlich ist das Schlagen des Herzens in der Brust und die daraus resultierende Pulswelle an jeder Körperstelle spürbar.

Achten Sie bei dieser Formel lediglich darauf, wo im Körper Sie Ihren Herz- oder Pulsschlag spüren können. Versuchen Sie nicht, ihn bewußt zu beeinflussen. Wir haben keinen direkten Zugriff auf diese vegetative Funktion. Stellen Sie sich vielmehr vor, wie es sich anfühlt, wenn das Herz ruhig und gleichmäßig schlägt.

«Mein Herz ist angenehm von Wärme durchströmt»

Wenn jemand Herz-Rhythmus-Störungen hat, schlägt sein Herz nicht immer gleichmäßig. Es hat dann auch wenig Sinn, sich eine Regelmäßigkeit zu suggerieren. Leicht entsteht dadurch ein gegenläufiger Effekt, indem man sich über den offensichtlichen Widerspruch ärgert, und den Glauben an die Wirk- samkeit des Autogenen Trainings ein Stück weit verliert. Um diesen Widerspruch zu vermeiden, können Sie diesen Satz anwenden, der sich nur auf die Wärme im Herzen bezieht. Tatsächlich wird immer wieder von betroffenen Teilnehmern berichtet, daß Ruhe ihre Herz-Rhythmus-Störungen abklingen läßt.

Warm durchströmt ist das Herz immer, auch wenn es nicht regelmäßig schlägt. Es ist denkbar, daß die Vorstellung der Wärme im Herzen die Durchblutung dieses Organs fördert. Die Alltagssprache faßt einen derartigen Zusammenhang in Worte: «Mir wird ganz warm ums Herz.» Diese Empfindung wird mit Freude, Liebe und Zuwendung in Verbindung gebracht, die immer auch eine Entspannung zur Folge haben. In mehreren Studien wurde «...gezeigt, daß soziale Isolation mit einem erhöhten Risiko für eine Koronarerkrankung einhergeht.» (Langosch & Hahn). Es kann vermutet werden, daß diejenigen, die in einer positiven sozialen Umgebung leben, die es ihnen erlaubt, zu vertrauen und sich ohne Mißtrauen zu entspannen, häufiger das Gefühl der «Wärme ums Herz» haben. Wahrscheinlich begünstigt also die Vorstellung der Wärme in der Entspannung die Durchblutung des Herzens.

«Es durchpulst mich.»

Dieser Satz empfiehlt sich, wenn Sie den Pulsschlag an mehreren Stellen des Körpers nahezu gleichzeitig spüren können. Das Blut durchläuft die Haut in Arterien. Der Druck verändert sich also wie eine Welle vom Herzen fort. Diese «Welle» ist bei genügend großer Sensibilität auch ohne Nachtasten mit den Fingern durch reine Konzentration spürbar.

5.5 Der gelöste Bauch

Standardformel: **Mein Bauch ist angenehm von Wärme durchströmt.**

Andere Formeln: Mein Bauch ist strömend warm.
Mein Bauch ist angenehm weich und weit.
Mein Sonnengeflecht ist angenehm von Wärme durchströmt.
Mein Sonnengeflecht ist strömend warm.

Voraussetzungen zur Übung

Um zu Beginn eines Kurses schon Wärme im Bauch spüren zu können, muß die Umgebungstemperatur stimmen. Das bedeutet, daß Sie warme Kleidung tragen, oder aber für eine entsprechend hohe Raumtemperatur sorgen sollten. Eine gewisse Entspannung erleichtert die Konzentration auf die erwartete Empfindung.

Der meist kleinere Teil der Gruppe spürt seinen Bauch und die Wärme darin von Anfang an. Für die anderen ist diese Wahrnehmung ungewöhnlich. Manchen fällt es leichter, sich den Bauch weich und weit vorzustellen. Nach einigen Übungen sensibilisiert sich das Gefühl jedoch auch für das Wärmeempfinden. Hilfreich ist es, wenn Sie die Hand auf den Bauch legen und so zum einen den Bauch spüren, zum anderen die vorhandene Wärme durch die Hand verstärken.

Wie kommt Wärme in den Bauch?

Teil der «Umschaltung» ist eine bessere Durchblutung der inneren Organe. Ganz allgemein nutzt der Körper die Ruhephase, um sich zu regenerieren. Dazu wird Energie in den beteiligten Organen benötigt, die wiederum der vermehrte Blutstrom anliefert (Jänig). Sozusagen ein Nebeneffekt ist die erhöhte Erwärmung, als Begleiterscheinung der vermehrten Durchblutung.

Auch bei dieser Übung gilt die wichtige Erkenntnis, daß zu Beginn keine Zunahme der Wärme erwartet, sondern der Ist-Zustand beobachtet werden soll. Zwar nimmt die Erwärmung in Ruhe tatsächlich zu, jedoch ist eine solche Veränderung der

Temperatur anfangs schwer oder gar nicht spürbar. Später können Sie diese Formel nutzen, um über die Wärmevorstellung die Entspannung im Bauch tatsächlich zu verstärken.

Es ist für uns im Alltag nicht üblich, auf die Temperaturen im Bauch zu achten. Daher fällt es manchen Teilnehmern schwer, für diese Formel eine Entsprechung im Körper zu spüren. Wenn im Alltag auf den Bauch geachtet wird, dann meist in Bezug auf seinen Umfang oder aber in Verbindung mit Schmerzen oder Hungergefühlen.

Es bedarf aber lediglich einer Zeit der Übung, in der die Wahrnehmung für den Leib und die Vorgänge darin sensibilisiert wird. Dabei geht es nicht um das Erspüren von durch das AT verursachten Hitzesensationen. Zum einen ist der Effekt anfangs nicht sonderlich deutlich. Zu Beginn eines Kurses verändert sich die Durchblutung meist nicht so großartig, daß ein deutlicher Unterschied spürbar werden würde. Zum anderen sind Menschen, die zuvor keinerlei Sensibilisierungsübungen (wie beispielsweise irgendein Entspannungsverfahren) regelmäßig durchgeführt haben, meist nicht in der Lage, die ohnehin vorhandene Wärme zu spüren. Also kann auch keine Veränderung wahrgenommen werden, denn die Veränderung müßte in Relation gesetzt werden zur Normalität. Diese Normalität aber ist für die meisten Teilnehmer zu Beginn des Kurses eben das Nicht-spüren von Temperatur im Leib. Deshalb kann die Aufgabe für den Beginn des Kurses nur die Wahrnehmung der **momentan vorhandenen** Temperatur sein.

Erleichternde Vorstellungen

Jeder hat schon oft einen warmen Tee getrunken und kennt das Gefühl, wie die Wärme vom Mund durch den Hals in den Bauch strömt. Ähnliches gilt für andere warme Getränke oder auch Suppen.

Bekannt ist sicherlich auch das Gefühl der Entspannung, die sich von der Wärme im Bauch über den ganzen Körper und auch in den Kopf ausbreitet. Man denke nur einmal an das sich ausbreitende Gefühl tiefer Ruhe nach einer warmen Mahlzeit.

Eine andere Vorstellung ist die einer Wärmflasche auf dem Bauch. Für diejenigen, denen eine solche Flasche zu schwer ist, kann das Bild einer (Heiz-) Decke, die die Wärme in den Bauch strahlt, angenehm wirken. Mancher kennt auch die Wirkung einer Rotlicht-Lampe, deren Wärme sich wohlig über den Bauch ausbreitet.

Und schließlich ist jeder oft in der Sonne gesessen oder gelegen. Die Sonne erwärmt die Kleidung auf dem Bauch oder auch die Haut direkt, und diese Wärme strahlt tief in den Bauch hinein. Der Sprachgebrauch formuliert die allgemeine Entspannung, die mit der Wärme im Bauch verbunden ist, gerne in Worten wie «sich die Sonne auf den Bauch scheinen lassen», in denen die Metapher für Ruhe, Nichts-Tun, sich-treiben-lassen enthalten ist.

Schultz verwendete ursprünglich den Begriff des «Sonnengeflechts». Tatsächlich gemeint ist damit ein Nervengeflecht im Bauchraum, etwa hinter dem Magen. Mir fiel es immer etwas schwer, mir vorzustellen, wie ein Nervengeflecht sich erwärmt. Dagegen ist das Wort Bauch sehr konkret, und ich kenne die Erfahrung der Wärme im Bauchraum. Andererseits ist die Vorstellung einer Sonne, die den Bauch von innen wärmt, oder auf ihn scheinend, ihre Wärme tief in ihn hinein strahlt, ein gut geeignetes Bild für Wärme.

Versuche, auf die Vorstellung des Sonnengeflechts umzustellen, erwiesen sich in meinen Kursen als nicht sehr praktikabel. Die meisten Teilnehmer empfanden die Vorstellung der Wärme im spürbar und sichtbar vorhandenen Bauch als hilfreicher, im Vergleich zur Vorstellung eines Sonnengeflechts, das nur erahnt werden kann.

Für die Anwendung gegen Schmerzen oder andere unangenehme Gefühle im Bauch ist es sehr hilfreich, bei der «Bauchformel» nicht nur an Wärme, sondern auch an sich lösende Spannungen zu denken. So können Sie sich vorstellen, ein zu eng um den Bauch geschnallter Gürtel wird von Ihnen geöffnet. Stellen Sie sich möglichst bildlich vor, wie dadurch der Bauch an Raum gewinnt und sich ungehindert ausdehnen kann. Können Sie sich das Gefühl vorstellen, Ihren Bauch weich hängen zu lassen? Nicht das Bild, sondern das Gefühl. Tatsächlich hängt Ihr Bauch nicht mehr als vorher. Aber dieser Wunsch, ihn loszulassen, entspannt ihn deutlich.

Ein verspannter Bauch ist hart. Malen Sie sich aus, wie er sich anfühlt, wenn er weich ist. Erinnern Sie sich daran, wie es sich anfühlt, wenn Sie Ihre Hand auf einen warmen, weichen Bauch legen. Vielleicht spüren Sie dann auch, wie Ihr Bauch sich freut über die Nähe und Wärme der Hand.

Anwendung der Formeln

Stellen Sie sich Wärme im Bauch vor, sowie weiche und lockere Bauchmuskeln. Lassen Sie es gut sein, wenn Sie zunächst nur eine unklare oder gar keine Empfindung haben. Damit geht es Ihnen nicht anders als der Mehrheit der Anfänger. Legen Sie vielleicht Ihre Hand auf den Bauch und genießen Sie die Wärme, die zwischen Hand und Leib entsteht.

5.6 Die Stirn

Standardformel:	**Meine Stirn ist angenehm kühl.**
Andere Formel:	Meine Stirn ist angenehm weit.

Voraussetzungen zur Übung

Auch bei dieser Formel fällt es den meisten Teilnehmern schwer, gleich zu Beginn Kühle an der Stirn zu spüren. Diese Form der Beachtung unseres Kopfes ist nicht gebräuchlich, weshalb die Sensibilität dafür denn auch in der Regel gering ist. Im Alltag wird schon häufiger auf eine Feuchtigkeit (wenn der Körper schwitzt) oder auch Wärme (Fieber) der Stirn geachtet.

Wenn die Kühle verspürt wird, dann wird sie zumeist als Windhauch erlebt, auch bei geschlossenen Fenstern und Türen.

Wie entsteht Kühle an der Stirn?

In der Entspannung kann sich die Durchblutung des Gehirns etwas verringern (Jänig). Dadurch wird dort auch die Temperatur reduziert. Die relative Kühle, die bei verringertem Blutdurchfluß eintritt, ist nicht im Gehirn selbst zu bemerken, weil sich dort keine Temperaturfühler befinden. Sie könnte aber verantwortlich für ein Kühleempfinden an der Stirn und an den Schläfen sein. In einer Untersuchung dieser Zusammenhänge ließ sich jedoch keine nennenswerte Temperaturreduktion an der Stirn nachweisen (Mann). Wodurch diese Wahrnehmung tatsächlich zustande kommt, ist also noch nicht geklärt. Allerdings kennt auch der allgemeine Sprachgebrauch den Zusammenhang zwischen Ruhe und Kühlempfinden im Kopf. Ein «Hitzkopf» wird jemand genannt, der übereilt handelt, sich keine ruhige Überlegung gestattet, während genau das erreicht wird, indem wir «einen kühlen Kopf bewahren». Jemand der gut sachlich abwägen kann, wird gerne als «kühler Rechner» bezeichnet.

Während an der Stirn eine Kühle spürbar werden kann, wird das Gesicht, werden die Kiefer, der Bereich der Nebenhöhlen, die Ohren und der Nacken in der Entspannung besser durchblutet und dadurch wärmer.

Erleichternde Vorstellungen

Ein kühler Windhauch, der über die Stirn streift, ist etwas, das jeder schon des öfteren erfahren hat. Daher ist die Erinnerung an dieses Gefühl eine gute Voraussetzung. Auch der Eindruck einer beruhigenden, kühlen Hand ist leicht vorstellbar. Tatsächlich wird die Kühle an der Stirn während der Übung oft als Windhauch empfunden, der über die Haut streicht.

Eine sehr bildhafte Vorstellung ist die Erinnerung an ein Sonnenbad, bei dem die Stirn durch den Schatten einer Palme, eines Olivenbaumes, eines Sonnenschirmes, durch ein Tuch oder einen leichten Hut vor übermäßiger Wärme geschützt wurde.

Zur Lösung der Spannung im Gesichtsbereich ist es hilfreich, sich die Muskeln des Gesichts gelöst vorzustellen. Sie können Ihre Ohren hängen lassen und Ihre Wangen. Der Unterkiefer sinkt bei nachlassender Spannung ohnehin nach unten. Niemand mag sich vorstellen, daß sein Gesicht nach unten hängt. Aber das passiert ja auch nicht wirklich. Vielmehr wirkt ein solches Gesicht, dessen Muskeln entspannt sind, eher gelöst und offen.

Anwendung der Formeln

Nach der Wärme des Bauches wenden Sie sich der Empfindung einer gelösten, kühlen Stirn zu, auch wenn Sie noch keine Wärme im Bauch spüren.

Das Empfinden einer Weite im Kopf ist wohl als Folge der generellen Muskelentspannung auch im Bereich des Kopfes zu sehen. Die Kühle ist vermutlich mit der Entspannung verbunden, so daß die Empfindung des einen darauf schließen läßt, daß auch die andere Wahrnehmung möglich ist – bei ausreichender Sensibilisierung.

Als erschwerend wird manchmal die Umstellung von der bisher vorzustellenden Wärme auf nun zu bemerkende Kühle genannt. So ist diese Kühle denn auch bei manchen Teilnehmern nicht im Kopf, sondern an anderen Körperstellen spürbar. Oft habe ich auch gehört, die Wärme sei aus den Gliedern weg in andere Körperteile geflossen.

Man könnte den Eindruck bekommen, die Umstellung von der inzwischen gewohnten Wahrnehmung der Wärme auf nun zu spürende Kühle bringe das Körpertemperaturempfinden bei manchen Teilnehmern zunächst einmal durcheinander. Jedoch sind mir diese Schwierigkeiten nie als bleibend geschildert worden. Nach wenigen Übungen war wieder alles «in Ordnung». Das ist auch nicht anders zu erwarten, weil nur etwas wahrgenommen werden soll, das ohnehin vorhanden ist.

5.7 Verkürzung der Formeln auf Ihre Essenz

Nach einigen Wochen der Übung werden die erwünschten Veränderungen hin zur Ruhe sozusagen «automatisch» vonstatten gehen, sobald Sie die Formeln anwenden. Eine bewußte Hinwendung zu den einzelnen Empfindungen wird immer schneller und leichter vollzogen.

Nun können Sie die Formeln auf das Eigentliche reduzieren, wenn Sie das möchten. Diese Essenz der Sätze kann sich in wenigen Worten abbilden, oder auf Worte vollständig verzichten und reine Bilder oder kinästhetische Empfindungen nutzen. Das kann den Weg in die Entspannung beschleunigen und eine Vertiefung fördern. Eine solche Verkürzung ist vor allem dann sehr hilfreich, wenn das Autogene Training als Einstieg in eine Meditation oder Selbsthypnose genutzt werden soll. Der mit diesem Einstieg erreichte Trancezustand kann als Plattform für gewünschte Bilder oder Suggestionen verwendet werden.

Welche Begriffe oder Vorstellungen Sie dazu verwenden, ist nicht entscheidend. So kann die erste Formel in dem Wort «Schwere» repräsentiert werden. Genausogut können Sie sich auch einen Elefantenfuß vorstellen, der sich auf den Boden senkt und ein enormes Gewicht auf den Boden bringt. Oder Sie stellen sich den Druck vor, den jeder Zentimeter Ihrer Haut auf Ihre warme Unterlage bringt. Sie können sich vielleicht auch vergegenwärtigen, wie alles Gewicht an Ihnen zur Ruhe kommt und sich ausbreiten kann.

Bei der zweiten Formel können Sie einfach nur «Wärme» denken, oder sich gedanklich eine Sonne in Ihre Körpermitte hängen, die dort gerade aufgeht und ihre wohlige Wärme zunehmend in den ganzen Körper strahlt. Vielleicht erwärmt sie eine Flüssigkeit, die durch die Heizschläuche des Körpers auch in den letzten Winkel transportiert wird. Ein warmer Wüstenwind kann über Ihre Haut streichen und sie erwärmen. Vielleicht kennen Sie die wohlige Wärme, die in einer Sauna empfunden wird. Sicher fallen Ihnen noch andere Bilder ein, die für Sie stimmig sind.

Bei der Atmung denken Sie «Es atmet», oder «Atem ruhig», oder «Atem gleichmäßig». Als Bild könnte ein Blasebalg dienen, der gleichmäßig und sehr zuverlässig arbeitet und mit dessen Hilfe der Sauerstoffbedarf schnell an veränderte Bedingungen angepaßt werden kann.

Für das Herz kann reduziert werden auf «Herz ruhig und warm», «Herz gleichmäßig» oder «Puls ruhig». In die Regelmäßigkeit des Herzens, die sich auch einmal verändert, können Sie eine Melodie eines ruhigen Musikstücks hineindenken.

«Bauch warm, weich und weit» kann die Formel lauten, wenn es um die fünfte Übung geht. Auch hier bietet sich wieder das Bild einer aufgehenden Sonne an, oder das Gefühl, wenn die Muskulatur sich lockern kann und der Bauch sich hängend ausruhen darf.

Die letzte Formel kann auf «Stirn kühl» oder «Kopf weit» verkürzt werden. Ein leichter Windhauch, der sanft über die Stirn streicht, ein Gürtel, der sich öffnet und dem Kopf dadurch

Raum gibt, oder ein Ventil, über das Sie einen zu hohen Druck ablassen können, sind hilfreiche Bilder.

Entscheidend ist nicht der Begriff oder das Bild oder die Vorstellung, sondern vielmehr die Zuverlässigkeit, mit der das Symbol, das Sie wählen, die gewünschte Empfindung speziell bei Ihnen auslöst. Mögliche Reduzierungen der Formeln finden Sie in der nun folgenden Übersicht hinter den Standardformeln.

5.8 Übersicht über die Formeln

Aufgeführt habe ich an dieser Stelle nur die Sätze, die ich in meinen Kursen anwende. Nach der eigentlich letzten Formel (Stirn) hat es sich für mich bewährt, noch einmal bewußt an die Schwere und Wärme zu erinnern. Es sind dies die Folgen der Entspannung, die am deutlichsten gespürt werden können. Eine solche nochmalige Konzentration darauf bewirkt meist eine Vertiefung der Ruhe. Sie bringt daneben aber auch eine wichtige Erkenntnis: Es ist nicht notwendig, die einzelnen Vorstellungen oder Empfindungen ständig im Bewußtsein zu behalten. Gerade Schwere- und Wärmeempfindung vertiefen sich während der ganzen Übung, nicht nur in der Zeit, in der Sie daran denken. Der Grund liegt auch in der fortschreitenden Entspannung der Muskulatur, die ein deutlicheres Gefühl der Schwere nach sich zieht. Ohne daß Sie daran denken, erhöht sich während der Ruhe auch die Durchblutung, wodurch die Durchwärmung der Haut verstärkt wird.

Die Gefühle der Schwere und der Wärme nehmen also bis zur Stirnübung deutlich zu. Auch wenn Sie nicht daran denken. Das belegt den Sinn einer wichtigen Vorgehensweise: Sie sollten nicht auf jeden Fall bei den jeweiligen Formeln verharren, bis Sie auch tatsächlich die einzelnen Phänomene spüren. Gehen Sie vielmehr – unabhängig von der Intensität Ihrer Empfindung – nach einiger Zeit zur nächsten Formel weiter. Sonst behindern Sie sich selbst beim Training und geben im ungünstigsten Fall irgendwann frustriert auf.

Gerade in Spannungssituationen, in denen Sie dringend eine Beruhigung brauchen könnten, wird es Ihnen anfangs eher schwer fallen, eine deutliche Empfindung für Ihre Körpervorgänge zu haben, weil Ihre Aufmerksamkeit zu sehr von anderen Dingen in Anspruch genommen wird. Trotzdem werden Sie sich entspannen, falls Sie einfach dem gewohnten Ablauf folgen. Verharren Sie allerdings bei der einzelnen Formel, bis ein Erfolg eintritt, führt das nicht selten zu vermehrter Anspannung und somit regelrecht zur Behinderung genau der Prozesse, die durch das AT gefördert werden sollen.

Konkret bedeutet es: Denken Sie zunächst an die Schwere, gehen Sie nach einiger Zeit weiter zur Wärme, auch wenn Sie keine Schwere spüren, und fahren so fort. Spätestens wenn Sie dann gegen Ende der Übung wiederum auf die Schwere und Wärme des Körpers achten, werden Sie meist diese erwünschte Empfindung haben.

Übersicht über die Formeln und Vorschläge zur Verkürzung:

– **Meine Arme und Beine sind angenehm schwer.**	**(Schwere)**
– **Meine Arme und Beine sind angenehm warm.** **oder** **Mit jedem Ausatmen strömt Wärme in Arme und Beine.**	**(Wärme)**
– **Ich überlasse mich meinem Atem.** **oder** **Es atmet mich.**	**(Es atmet/Atem ruhig/ Atem gleichmäßig)**
– **Mein Herz ist angenehm warm durchströmt.** **oder** **Mein Herz schlägt ruhig und gleichmäßig.**	**(Herz ruhig/Herz warm/ Herz gleichmäßig)**
– **Mein Bauch ist angenehm von Wärme durchströmt.** **oder** **Mein Bauch ist strömend warm.**	**(Bauch warm, weich und weit)**
– **Meine Stirn ist angenehm kühl.**	**(Stirn kühl/Kopf weit)**
– **Meine Arme und Beine sind angenehm schwer und warm.**	
– **Ich bin ruhig und gelöst.**	
– **Rücknahme der Entspannung** **anspannen**	**(Tief ein- und ausatmen, kräftig anspannen und die Augen öffnen)**

Die kurzen Begriffe, die Sie anstelle der ganzen Sätze verwenden können, finden Sie (beispielhaft) in Klammern hinter den Formeln.

5.9 Die weitere Anwendung

Nachdem das Autogene Training in seinen Grundlagen verstanden und erlernt wurde, werden durch die Anwendung die Reflexe erworben. Nach einer ausreichenden Zeit möglichst regelmäßiger Übungen entstehen sehr zuverlässige und feste Verbindungen zwischen den Inhalten der Formeln einerseits und der hervorgerufenen Entspannung andererseits. Nach dieser Einübungsphase kann eine Anwendungsphase folgen, in der das Erlernte gezielt eingesetzt wird, um körperliche und psychische Schwierigkeiten zu verringern, die Gesundheit zu verbessern oder die psychische und körperliche Leistungsfähigkeit zu verbessern. Dazu wird das erlernte Verfahren als Zugang zu eigenen Ressourcen genutzt. Hier kann die Schnittstelle zur Hypnose gesehen werden. War das AT in den Lern- und Übungsphasen vorwiegend auf Ruhe ausgerichtet, kann das Verfahren darüber hinaus als Einleitung in eine hypnotische Trance genutzt werden. Die Übergänge innerhalb der Phasen sind fließend. Schon in den ersten Tagen können körperliche Symptome abklingen und die Festigung der erwünschten Reaktionen spielt auch nach langer Anwendung noch eine wichtige Rolle.

Der Lernprozeß läßt sich in drei Abschnitte gliedern:

a) Er beginnt mit dem Erwerb des theoretischen Wissens, das dem Verfahren zugrunde liegt und den ersten darauf aufbauenden Übungsversuchen.

b) Im Laufe der folgenden zwei bis drei Wochen wandeln sich diese Versuche zur Anwendung einer Methode, die schon deutliche Ergebnisse erfahren läßt.

c) Die dann immer stabileren Reflexe führen zunehmend sicherer zu einer schnell erreichbaren tiefen Ruhe und darüber hinaus zu Einflüssen auf als problematisch empfundene körperliche und psychische Funktionen.

Interessierte, die darauf aufbauen wollen, kommen in eine **Anwendungsphase**, in der die angestrebten Ziele grob wie folgt beschrieben werden können:

- Suche nach globaler, nicht weiter differenzierter psychischer und körperlicher Entspannung.
- Die einzelnen Formeln werden gezielt und auch getrennt im Alltag angewandt, um entsprechende Veränderungen zu erreichen.
- Im Autogenen Training für Fortgeschrittene können individuelle Formeln entwickelt werden, mit deren Hilfe persönliche Schwierigkeiten überwunden werden sollen. An die Formeln der Grundstufe des AT werden dann diese neuen Formeln angefügt. Eine ausführliche Beschreibung findet sich im nächsten Kapitel.
- Die Oberstufe des Autogenen Trainings hilft, das bildhafte Erleben zu entwickeln. Thomas (1983) beginnt mit den Farberlebnissen, die auch bei geschlossenen Augenlidern möglich sind und nach einiger Ubung kräftige Farben hervorrufen können, die oft mit intensiven Gefühlen verbunden sind. Durch die weitere Arbeit mit der Vorstellung konkreter und abstrakter Inhalte wird eine positive Veränderung des Erlebens und Verhaltens angestrebt.
- Sowohl das Autogene Training für Fortgeschrittene wie auch die Oberstufe sind von der Selbsthypnose nicht mehr zu trennen. Wer so weit gekommen ist, kann bei Interesse weitere Einleitungs- und Vertiefungsmöglichkeiten nutzen, um die großen Möglichkeiten der Hypnose für sich noch leichter begehbar zu machen. Für einen einfachen Weg in die Selbsthypnose kann das bereits erlernte Autogene Training genutzt werden, indem es vollständig oder in Teilen als Einleitung dient, die eine Trance herstellt, in der Ziele angestrebt werden, die der Persönlichkeitsentfaltung dienen oder die Bewältigung körperlicher oder psychischer Schwierigkeiten anstreben. Eine umfassende Darstellung der Selbsthypnose bieten Alman & Lambrou.

An dieser Stelle werden die Übungen des Yoga, sowie die verschiedenen Meditationsformen als weiterführende Methoden interessant. Wer sich regelmäßig mit einem Entspannungsverfahren beschäftigt und dabei nicht nur nach körperlicher Streßreduktion sucht, wird sich seiner Gedanken, Gefühle und Wünsche zunehmend bewußter werden. Dabei entstehen auch Fragen nach dem Sinn und dem Wert der eigenen Lebensführung und Lebensziele. Auch die Beziehungen zur sozialen Umgebung werden bewußter. Wer möchte, kann über die meditative Betrachtung hinaus, die an sich schon positive Veränderungen nach sich zieht, einen gesünderen Umgang mit seiner Umwelt anstreben. Das kann beispielsweise bedeuten, daß die tiefe Entspannung genutzt wird, um sich seiner Lebensziele bewußter zu werden und die dabei gefundenen Ziele im Einklang mit den eigenen Möglichkeiten anzustreben. Dieser Umgang mit dem Autogenen Training hilft uns, weniger Zeit und Energie dafür zu verwenden, unerreichbaren Zielen nachzustreben, die für unsere persönliche Entwicklung wenig Wert haben.

Die wichtigste Voraussetzung für derartige Entwicklungen ist jedoch die Anwendung eines der sogenannten Entspannungsverfahren.Ohne sie fehlt normalerweise die Sensibilität für unser «Innenleben» und für unsere geistigen Bezüge zur Welt.

Erfahrungsgemäß gelingt es noch recht einfach, während des Kurses einigermaßen regelmäßig zuhause zu üben. Danach fehlt dann aber wohl die Erinnerung durch die Gruppentermine und vielleicht auch ein bißchen der Druck, nicht geübt zu haben, wenn der Kursleiter danach fragt. Die Integration der Entspannungsübungen in den Alltag hinein gelingt leider nur selten über einen längeren Zeitraum hinweg.

Diejenigen Teilnehmer, die das Gelernte im täglichen Leben einigermaßen regelmäßig anwenden, berichten alle von andauernden, konkreten Erfolgen im Alltag. Sie erfahren viele Erleichterungen bei Beschwerden, von denen sie vor dem Erlernen oft seit längerem geplagt wurden.

Erlebnisse von Kursteilnehmern

Im Folgenden gebe ich einige häufige Äußerungen wieder, die von Teilnehmern während und nach den Kursen rückgemeldet wurden. Die Schnelligkeit, mit der manche Schlafstörungen, Durchblutungsstörungen oder auch Schmerzen abklingen, überrascht mich noch heute. Die Freude über die Veränderung und das ungläubige Erstaunen, daß das «nur» durch Entspannung erreicht wurde, spricht meistens aus den Gesichtern der erzählenden Teilnehmer. Es fällt schwer zu glauben, daß innerhalb weniger Tage oder Wochen wesentliche Veränderungen eintreten können, obwohl die Störungen oft seit Jahrzehnten bestehen und kaum ein Versuch, daran etwas zu ändern, erfolgreich war.

Die Schwerewahrnehmung

Das Gefühl, besonders schwere Glieder zu haben, in einer Intensität, wie es bisher noch nicht wahrgenommen wurde, wird immer wieder berichtet. Es entsteht manchmal der angenehme Eindruck, den Körper nicht mehr von der Unterlage abheben zu können. Begleitet wird dieses Schwereempfinden von einem Gefühl sehr angenehmer, umfassender Entspannung. Es kann sich in eine Empfindung der Leichtigkeit, des Schwebens wandeln, die ebenfalls als sehr angenehm geschildert wird.

Die Wärmeempfindung

Eine gestörte Durchblutung ist durch das AT sehr gut zu beeinflussen (Hoffmann). In den Kursen sind Belege dafür sehr beeindruckend oft schon in den ersten Wochen der Lernphase zu sehen.

Eine ständig wiederkehrende Beschwerde, die vor allem von Frauen geäußert wird, betrifft kalte Füße, seltener kalte Hände. Zunächst ist es wichtig, durch entsprechende Erklärungen den Druck von der Teilnehmerin zu nehmen, unbedingt sobald wie möglich warme Füße zu bekommen, um nicht zu versagen. Danach werden spezielle Bilder zur Hilfe genommen wie beispielsweise die detaillierte Erfahrung eines warmen Fußbades, eventuell unter Anwendung suggestiver Formulierungen. Schon nach wenigen Minuten gelassener Erinnerung an das

Wärmeempfinden ist das Erstaunen meist groß, daß sich tatsächlich warme Füße einstellen, die von nun an meist regelmäßig zu den erfreulichen Erfahrungen der Übungen gehören.

Einer 35jährigen Frau wurde einige Jahre zuvor bei einem Verkehrsunfall einer ihrer Füße fast vollständig vom Unterschenkel getrennt. Aufgrund dieses Unfalls hatte sie seitdem kein Wärmegefühl mehr in diesem Fuß. Im Verlauf des Kurses empfand sie schon nach wenigen Übungen überraschend wieder Wärme in dem betroffenen Fuß und konnte sie im weiteren Verlauf zunehmend sicherer herbeiführen und verstärken.

Eine andere, ca. 60jährige Teilnehmerin berichtete von seit Jahren bestehenden Kälteempfindungen im linken Arm. Der andere Arm werde von ihr immer als wärmer empfunden. Die Medizin habe bisher keine Abhilfe schaffen können. Nach vier Sitzungen erzählte sie sichtlich überrascht von einem intensiven Wärmegefühl in dem ansonsten kühlen Arm. Auch diese Veränderung blieb so lange konstant, wie die Teilnehmerin den Kurs besuchte. Danach sah ich sie leider nicht wieder. In diesem wie auch in dem vorhergehenden Fall hatte ich nicht mit einem wesentlichen Einfluß gerechnet und war selbst überrascht über den schnellen Erfolg.

Ziemlich häufig bringen Teilnehmer die Diagnose «Raynaud'sche Erkrankung» (Strandness) mit, die eine Durchblutungsstörung vor allem auch in den Händen nach sich zieht. Behandlungserfolge durch Entspannungsverfahren sind nachgewiesen (Vaitl). In meinen Kursen wurde durchgängig von einer schnellen und ausgeprägten Zunahme des Wärmeempfindens berichtet.

Selbst unter extremen Bedingungen sind die eingeübten Reflexe noch wirksam. Eine aktive Bergsteigerin erzählte während einer Kursstunde, daß sie einige Jahre zuvor während einer Bergtour durch das Hochgebirge wegen eines überraschenden Kälteeinbruchs weder auf- noch absteigen konnte. Sie erinnerte sich an das von ihr gut eingeübte Autogene Training und ohne an einen Erfolg zu glauben, stellte sie sich die Wärme in ihre kalten Gliedern vor. Zu ihrem großen Erstaunen fühlte sie trotz extremer äußerer Kälte schnell eine Verbesserung der Durchblutung in ihren Gliedern. Ähnliche Erfolge gegen Kälte und sogar auch gegen Erfrierungen werden häufig berichtet (zum Beispiel bei Hoffmann).

Eine der wichtigsten Anwendungsgebiete des Autogenen Trainings betrifft die Linderung von Schmerzen (Gerber). Allerdings kommen einige Teilnehmer mit einer wesentlich zu hohen Erwartungshaltung in die Kurse. Oft wird nicht der Schmerz in seinem Kontext auch als Warnsignal des Körpers gesehen, sondern als ein isoliertes Problem, das nur Leid verursacht und schlichtweg beseitigt werden soll. Unter derartigen Voraussetzungen muß der Blick auf die möglichen Funktionen des Schmerzes gelenkt werden, um eine bleibende Veränderung zu ermöglichen. Schmerzpatienten, die diese Zusammenhänge nicht sehen wollen, haben wenig Aussichten auf eine bleibende Schmerzreduktion, weil die Ursache der Beschwerden nicht berücksichtigt wird. Als bedenklich ist die Beseitigung von Schmerzen bei bestimmten Krankheiten zu sehen, bei denen dieses Körpersignal auf eine wesentliche Bedrohung der Gesundheit hinweist. Und diese Funktion können zunächst alle Schmerzen haben, weshalb eine gründliche medizinische Abklärung immer vor einer Symptombehandlung stehen muß.

Die Entspannung an sich reduziert die meisten Schmerzen deutlich (Bühler). Besonders bei Rückenschmerzen kann die Lenkung der Wärme, auch mit Hilfe von Vorstellungen, beträchtliche Entlastung bringen. Diese Einflußmöglichkeit ist jederzeit unauffällig verfügbar und meist sehr schnell wirksam. Unterstützende Bilder werden aus dem individuellen Erfahrungsschatz genommen. Dazu zählt die Sonne, die diesen Punkt zunehmend wärmt, eine Rotlichtlampe, eine heiße Rolle, Fango, die Erfahrung in einer Sauna, in Bädern und unter der Dusche oder unter der warmen Bettdecke. Nach einiger Übung genügt alleine der Gedanke, um die Spannung zu reduzieren und wohltuende Wärme zu empfinden. Bei starken Schmerzen sollte mehrmals für drei bis vier Minuten geübt werden, wenn möglich auch mehrmals hintereinander. Bei starken Schmerzen steigt oft die Unruhe, wenn die Schmerzen nicht gleich geringer werden und das Gefühl des Mißerfolgs könnte eine negative Bewertung des Autogenen Trainings hervorrufen. Die häufige Anwendung kurzer Übungen dagegen bringt kleine Erfolge, die sich summieren, und erspart die Frustration.

Eine Besonderheit ist die Vorstellung der Kühle, die gerade auch bei Entzündungen ebenfalls zur Schmerzreduktion führen kann. Sie gelingt leicht, wenn die Wärmeempfindung sicher herbeigeführt werden kann.

Eine angenehme Kühle der Hautoberfläche ist eine bewährte Vorstellung, um Juckreiz zu lindern. Der von Teilnehmern empfundene positive Einfluß auf Hauterkrankungen wurde für die Neurodermitis nachgewiesen (Stangier, Gieler & Ehlers).

Der Atem

Er spiegelt Spannungszustände und Sorgen wieder. Bei regelmäßiger Anwendung werden die Auswirkungen der Sorgen verringert. Sie verlieren quasi an Gewicht, an Bedeutung. Erleichtert wird ihre Lösung durch den gedanklichen Abstand, der als Nebeneffekt durch das Autogene Training eintritt. Dieser Zusammenhang ist nicht zu unterschätzen. Nach meinem Eindruck sind viele schwerwiegende Störungen wie Schmerzen in verschiedenen Bereichen, Schlafstörungen oder Gereiztheit durch die Überlastung aufgrund von andauernden, ungelösten Sorgen verursacht. Die Auslöser selbst sind nach einiger Zeit häufig verschwunden oder geringfügig geworden, haben jedoch einen Prozeß angestoßen, der den betroffenen Menschen in seiner Lebensqualität wesentlich einschränken kann. Derartige Eigendynamiken sind oft ursächlich, beispielsweise für langanhaltende Schlafstörungen. Durch das Entspannungsverfahren werden die Atmung gelöst und die muskuläre Anspannung wesentlich vermindert – mit allen positiven Auswirkungen auf Körper und Psyche insgesamt. Nach einigen Übungen fühlt der Teilnehmer sich insgesamt leichter, befreiter. Die Atmung kann schneller und gezielter losgelassen werden. Es entsteht die Empfindung, ein Druck wird von der Brust genommen, Gefühle von Atemnot klingen ab.

Das Bronchialasthma gilt ebenfalls als gut beeinflußbar (Hoffmann). Schultz schreibt von dem Ziel, den gesamten Nasen-Rachen-Raum mit einem Kühleerlebnis unempfindlicher zu machen. Entsprechende Vorstellungen können als formelhafte Vorsätze genutzt werden.

Die Teilnehmer mit Atembeschwerden lernen in den Gruppen ihre Ängste durch das AT zu reduzieren und die Intensität der Atembeschwerden zu verringern. Sie schildern eine leichtere Atmung und eine damit einhergehende allgemeine Entspannung. Sie können wieder durchatmen. Der Kloß im Hals löst sich auf. Der Stein, der den Atem beschwerlich machte, verschwindet von der Brust.

Das Herz

Im Zusammenhang mit dem Herzen auftretende Beschwerden können zunächst unterteilt werden in solche, die ohne medizinischen Befund auftreten und gemeinhin mit Diagnosen wie «Herzneurose» belegt werden. Sie stellen keine Herzkrankheit dar, sondern eine Angststörung, bei der die Angst vor einer Erkrankung des Herzens besteht (Harnasch & König). Hier wirkt das Autogene Training lösend auf die Angst ein. Dabei ist zu beobachten, daß zunächst bei der Wahrnehmung der Herztätigkeit ein Anstieg der Angst und der damit verbundenen Unruhe auftreten kann. Wenn an diesem Punkt abgebrochen wird, was leider des öfteren vorkommt, wird das AT als für die Behandlung ungeeignet empfunden. Damit verliert es faktisch auch seinen angstlösenden Einfluß, weil es eben nicht mehr angewandt wird. Meine Vorgehensweise orientiert sich an dem Ausmaß der Unruhe. Sobald sie subjektiv als zu hoch empfunden wird, empfehle ich, zur nächsten Formel weiterzugehen. Erfahrungsgemäß reduziert sich die Angst innerhalb von wenigen Tagen. Für manche Teilnehmer beginnt dadurch ein neuer Lebensabschnitt, denn die Angst vor einer Herzerkrankung kann das Ausmaß der Aktivitäten und dadurch die Lebensqualität beträchtlich einschränken.

Auf der anderen Seite gibt es manifeste Herzerkrankungen, die ebenfalls meist mit Ängsten einhergehen, die den Aktivitätsspielraum über das krankheitsbedingte Ausmaß hinaus einengen. Nach einem Herzinfarkt ist die Aufmerksamkeit oft sehr stark auf die Arbeit dieses Organs konzentriert. Die geduldige Anwendung der Herzformel und die gleichzeitige Vermeidung jedes Erfolgsdrucks hilft, zumindest die Angst vor der Herzwahrnehmung zu verringern. Verschiedentlich waren Teilnehmer in meinen Gruppen, die nach einem Herzinfarkt oder einer Bypassoperation den Eindruck hatten, sie würden ihren Herzschlag ständig hören oder spüren. Es fiel ihnen anfangs schwer, sich auf andere Körperwahrnehmungen wie Schwere oder Wärme zu konzentrieren. In den meisten Fällen verschwindet diese ängstliche Fixierung schon nach der erstmaligen Anwendung der Herzformel. Sehr selten dauert es etwas länger. Aber eine gewisse Erleichterung im Sinne einer deutlichen Angstreduktion konnte ich bisher immer feststellen.

In einem Bereich zwischen reinen Angststörungen und organischen Herzerkrankungen liegen Herz-Rhythmus-Störungen, für die oft keine organische Ursache gefunden werden kann. Aber es ist bekannt, daß vermehrte psychische Belastungen bestimmte Rhythmusstörungen begünstigen können (Harnasch & König). Auch bei diesen Beschwerden berichten viele Patienten von einer überraschend schnellen Besserung im Verlauf der Übung schon innerhalb der ersten Tage.

Der Bauch

Die Bauchformel kann im Alltag wesentlich helfen, weniger Beschwerden in diesem Bereich zu haben. Ein Teilnehmer begegnete mir ein Jahr nach seinem Kurs zufällig. Er schilderte mir begeistert seine Erfahrungen mit dem AT. Seit jenem ersten Kurs hatte er täglich drei Mal geübt. Dafür hatte er seither keine Bauch- und keine Kopfschmerzen mehr gehabt. Vor dem Kurs litt er häufig darunter.

Eine andere Teilnehmerin war während der ersten Termine eher uninteressiert bei der Sache. Als zwei Drittel des Kurses vorüber waren, erzählte sie voller Freude, daß sie das erste Mal versucht hatte, das Gelernte gegen ihre Bauchschmerzen einzusetzen. Zu ihrer großen Überraschung verschwanden die Beschwerden. Das bestätigte sich auch bei den weiteren Anwendungen. Noch im Verlauf des Kurses konnte sie die Medikamente, die sie vor dem AT gegen ihre Beschwerden in großem Umfang eingenommen hatte, weglassen. Sie hatte eine zuverlässige Möglichkeit gefunden, ihre Schmerzen ohne äußere Hilfe abklingen zu lassen.

Der Kopf

Die Stirnformel schließlich ist besonders hilfreich bei Schmerzen und Verspannungen im Kopfbereich (Kröner). Auch verbessern sie die Konzentration, das Gedächtnis und die Denkleistungen (Lison). Nach den Übungen berichten die Teilnehmer von zunehmender geistiger Frische, von nachlassenden oder abgeklungenen Kopfschmerzen. Auf ihren Gesichtern ist ein Ausdruck zu finden, den ich als «gelöste Heiterkeit» bezeichnen würde. Die Hypnose verbessert die Durchblutung bestimmter Bereiche des Gehirns (Halama) und erhöht damit die Leistungsfähigkeit des Gehirns. Die Wirkungen des AT sind bei einem geübten Menschen der einer durch eine Hypnose herbeigeführten Trance ähnlich. Deshalb können die gleichen Ergebnisse erwartet werden, wenn entsprechend geübt wird.

Eine Teilnehmerin berichtete zu Beginn des Kurses, daß sie sich vom AT bei ihren seit Jahrzehnten mehrmals in der Woche auftretenden Migräneanfällen eine Linderung erhoffte. Außerdem sei sie von stets kalten Füßen geplagt. In der Hoffnung, ihren Erwartungsdruck zu minimieren, bestätigte ich ihr, daß derartig starke Beschwerden, die schon seit so langer Zeit bestehen, nicht von heute auf morgen verschwinden können, daß ein gewisser Einfluß aber gegeben ist, der die Schmerzen schon auch irgendwann einmal verschwinden lassen kann. Allerdings sei konsequente Übung vorausgesetzt und sie sollte möglichst keine Veränderung erwarten. Nach fünf Wochen berichtete sie in der Besprechung der Erfahrungen mit dem häuslichen Training, daß sie das erste Mal warme Füße erlebt hatte und daß ihre Migräne seltener geworden war und weniger intensiv auftrat. Allerdings zweifelte sie daran, daß die Veränderungen wirklich vom Autogenen Training kommen konnten. Entgegen ihren Zweifeln setzte sich der Erfolg im Verlauf der kommenden Wochen fort. Warme Füße konnte sie schließlich selbst bewußt herbeiführen und ihre Migräne verlor ihre Regelmäßigkeit, wurde schließlich selten und recht gut beeinflußbar durch die prophylaktische Anwendung des AT. Sobald sich die Vorboten ankündigten, legte sie sich – soweit es ihr räumlich möglich war – zu einer Übung hin und erreichte auf diese Weise eine zuverlässige Abschwächung der Intensität.

Nicht immer treten die erwünschten Reaktionen so schnell und so gründlich ein, wie in den beschriebenen Fällen. Aber sie sind beispielhaft für die normale Reaktion bei motivierten Teilnehmern.

Der Unglaube, diese simple Anordnung von Übungen, die das AT letzthin doch schließlich auch ist, könnte Beschwerden abklingen lassen, gegen die seit Jahren letztendlich erfolglos gekämpft wurde, ist oft zu beobachten. Inzwischen behaupte ich auf der Grundlage sehr vieler solcher Erfahrungen, daß Entspannungsverfahren vielen Medikamenten überlegen sind, wenn sie konsequent angewandt werden. Das bezieht sich vor allem auf Medikamente, die auf die Psyche und/oder auf das vegetative Nervensystem wirken sollen.

Allerdings ist es selbstverständlich, daß Medikamente ihre Berechtigung bei vielen Krankheiten haben und daß sie nicht im Selbstversuch abgesetzt werden dürfen. Wenn Zweifel über Sinn und Wirksamkeit eines Medikaments bestehen, sollten sie grundsätzlich mit einem Arzt Ihres Vertrauens besprochen werden.

Um «am Ball» zu bleiben, können auch weitere Kurse in Autogenem Training oder in anderen Entspannungsverfahren besucht werden. Die Angebote in dieser Richtung sind in den Volkshochschulen meist erfreulich zahlreich.

Sie können ohne weiteres nach Beendigung eines Entspannungsverfahrens zu einem anderen wechseln, beispielsweise von Autogenem Training in einen Yoga-Kurs. Ihre Erfahrungen im jeweils ersten Kurs erleichtern Ihnen den Einstieg in jedem anderen. Wer im Laufe der Zeit bei verschiedenen Verfahren Erfahrungen sammelt, wird feststellen, daß die Wege zwar verschieden sind, aber überraschenderweise in die gleiche Landschaft führen. Sobald Sie in dieser Landschaft angekommen sind, können Sie sich unter einen Baum, in die Sonne oder an einen Strand legen, um die Ruhe zu genießen. Oder Sie gehen tiefer in die Landschaft hinein. Und dort hin haben Sie verschiedene Wege zur Auswahl. Anregungen und Entscheidungshilfen finden Sie bei verschiedenen Meditationsformen, beim Yoga oder auch in Phantasiereisen.

C

Die Anwendung im Alltag

6. Formelhafte Vorsätze

Mit der Stirnformel ist die Grundstufe des Autogenen Trainings abgeschlossen. Die damit erreichbaren Fertigkeiten sind ausreichend, um eine tiefe Entspannung in kurzer Zeit zu erreichen. Darüberhinaus können die oben beschriebenen Ziele den Alltag von vielen Spannungszuständen und Symptomen befreien.

Mit den sogenannten «Formelhaften Vorsätzen» wird die bis zu diesem Punkt erreichte Fertigkeit im Umgang mit den Einflußmöglichkeiten auf das eigene Befinden ausgeweitet. Waren die Symptome, die bisher angesprochen wurden, durch die Formeln repräsentiert, können nun speziell formulierte Sätze auch auf andere Symptome zugeschnitten werden. Dazu muß gesagt werden, daß nicht nur bereits manifeste Schwierigkeiten Inhalt derartiger Formeln sein müssen. Vielmehr wäre es anzustreben, diejenigen Bedingungen, die das Auftreten von Schwierigkeiten vermeiden helfen, in der gewünschten Weise zu beeinflussen. Es wäre also wünschenswert, das, was uns Kopfschmerzen oder Angst macht, zu verändern, damit diese Symptome uns kein Leid mehr verursachen. Dazu zählt eine gewisse Gelassenheit im Umgang mit widrigen Lebensumständen, die durch die regelmäßige Übung ohnehin gefördert wird. Dazu gehören aber auch Selbstsicherheit, Durchsetzungsvermögen, Liebesfähigkeit und andere Eigenschaften oder Fertigkeiten, die das eigene Leben sinnvoller, erfüllter und freudiger gestalten helfen.

Die formelhaften Vorsätze sind der Selbsthypnose schon sehr viel näher als das Autogene Training. Sie bauen auf dem Zustand auf, der durch das AT herbeigeführt wird. Sie wirken in einen aufnahmebereiten Bewußtseinszustand hinein, in dem die eigenen Glaubenssätze weniger reglementierend eingreifen und beschränkende Einstellungen über das eigene Vermögen weniger wirksam sind.

Der Einfluß von Gedanken auf unseren Körper und unsere Gesundheit

Die Ziele, die angestrebt werden, können sowohl auf psychischem, als auch auf körperlichem Gebiet liegen. Eine sehr allgemeine Formulierung für einen solchen Vorsatz findet sich bei Coué: «Mir geht es jeden Tag in jeder Beziehung besser und besser» (Le Cron). Von diesem Satz können sicher nicht die Wunder erwartet werden, die er letztendlich verheißt. Aber er kann einen sehr positiven Einfluß auf die Grundstimmung haben, mit der Sie Ihren Tag gestalten. Leider benutzen wir Sätze, die in die gegenteilige Richtung wirken, wesentlich häufiger. Menschen, die ein eher negatives Bild von ihren eigenen Fähigkeiten haben, oder die sich nicht zutrauen, viel Einfluß auf ihr Leben auszuüben, sagen sich bei vielen Gelegenheiten Sätze wie: «Das kann ich nicht», «Das lerne ich nie», «Das macht mich noch fertig». Mit derartigen Zuschreibungen belasten wir uns und beschränken unnötig unsere Fähigkeiten. Wenn statt dessen positive Zuschreibungen, wie die obige von Coue' oder andere wie «Mit Geduld und Ruhe werde ich irgendwie eine Lösung finden» bei Problemen verwendet werden, hat das eine entspannende und flexibilisierende Wirkung.

Derartige Gedanken haben einen viel größeren Einfluß auf uns, als wir gemeinhin realisieren. Denken Sie nur einmal an Ängste. Wenn Sie sich vorstellen, daß etwas Schlimmes eintritt (Verlust eines Angehörigen, ein finanzielles Desaster), dann beginnt Ihr Blutdruck zu steigen, die Herzfrequenz beschleunigt sich, das Denken wird unklar und so weiter. Ohne es bewußt zur Kenntnis zu nehmen, tragen wir viele derartige Gedanken mit uns herum. Sie haben sicherlich ihren Anteil an körperlichen Schädigungen in vielen, wenn nicht sogar in allen Bereichen.

Formelhafte Vorsätze sollten immer positiv formuliert werden. Auch wenn damit ein Verhalten vermieden werden soll. Der Grund liegt darin, daß unser Gehirn aus einer verneinten Aussage zunächst die Verneinung entfernt. Dadurch stellen wir uns genau das vor, was wir eigentlich vermeiden wollen – und müssen dann versuchen, es wieder aus unserer Vorstellung zu streichen. Sie können es ganz leicht an einem Beispiel selbst ausprobieren. Als erstes die positive Formulierung:

Bevor Sie weiterlesen, stellen Sie sich das Bild einer grünen Wiese vor:

> **Erinnern Sie sich möglichst lebhaft an grünes Gras, das Farbenspiel von Blumen und vielleicht auch Büschen, die auf der Wiese stehen. Vielleicht sehen Sie im Hintergrund Berge oder Wälder. Schmetterlinge fliegen durch die Luft, irgendwo zwitschern Vögel. Sie können sich an eine Wiese erinnern, die Sie kennen, oder in Ihrer Phantasie eine Wiese entstehen lassen.**

Das ist die positive Formulierung. Nun kommen wir zur Verneinung:

> **Stellen Sie sich nicht vor, daß auf Ihrer grünen Wiese ein schwerer grauer Elefant steht. Die zarten Grashalme und schönen Blumen Ihrer Wiese werden nicht von schweren Elefantenfüßen zertreten. Auf Ihrer Wiese steht kein riesiger grauer Elefant.**

Wie Sie erkennen konnten, waren die letzten drei Sätze negativ formuliert. Die meisten von Ihnen werden entgegen dem Satzinhalt einen schweren Elefanten auf Ihrer Wiese vorgefunden haben. Deshalb soll positiv formuliert werden.

Wenn Sie auf einer luftigen Brücke stehen und sich immer wieder vorsprechen «Ich falle da **nicht** hinunter», dann vollzieht Ihr Gehirn immer auch die Vorstellung, wie es ist, wenn Sie hinunterfallen. Das bedeutet, Sie hören den Wind in Ihren Haaren und Ohren rauschen und spüren vielleicht auch schon einmal den Aufprall. Positive Formulierungen könnten lauten: «Die Brücke ist sicher. Sie wird ständig von vielen Menschen begangen. Sie wird regelmäßig überprüft. Ich kann mir vertrauen. Ich werde diese Brücke gesund überqueren.»

An diesem Beispiel wird der Praxisbezug für formelhafte Vorsätze deutlich. Wenn Sie Angst vor Menschenmengen haben, könnten Sie sich am Ende einer AT-Übung einen Satz vordenken, der lauten könnte: «Ich fühle mich in mir sicher.» Dazu stellen Sie sich vor, daß Sie von einem unsichtbaren Mantel umgeben sind, der Sie stets vor zu großer Nähe schützt und aus dem heraus Sie selbstsicher mit den anderen umgehen können.

Recht erfolgreich kann ein Vorsatz bei Muskelverspannungen eingesetzt werden. Gegen die bei vielen Menschen häufig auftretenden Rückenschmerzen könnte ein Satz lauten: «Mein Rücken ist wohlig warm durchströmt und angenehm locker». Falsch wäre: «Mein Rücken tut **nicht** weh».

Zur Auflösung von Magenbeschwerden könnte formuliert werden: «Mein Magen ist warm und arbeitet gesund». Falsch wäre: «Es sind **keine** Schmerzen da».

Bei Erkältungen können Atembeschwerden gelindert werden: «Meine Atemwege sind weit, die Luft strömt frei». Falsch wäre: «Ich habe **keine** Atembeschwerden.»

Die Liste von Beispielen kann fast beliebig erweitert werden. Solange eine positive Formulierung gefunden wird, kann versucht werden, sich damit bei jeder körperlichen oder psychischen Störung Erleichterung zu verschaffen.

Im folgenden werden einige formelhafte Vorsätze aufgeführt. Viele weitere Beispiele finden sich bei Thomas.

Sollten Sie unter irgendeiner der aufgeführten Beschwerden leiden, können Sie zunächst mit Hilfe der Standardformeln Erleichterung suchen. Meistens paßt es besser zum eigenen Umgang mit seiner Bilderwelt, wenn man sich Vorstellungen zunutze macht, von denen man weiß, daß sie helfen. In diesem Sinne können Sie sich formelhafte Vorsätze bilden. So können Sie Sätze formulieren, die optimal zu Ihrer Situation und zu Ihrer ganz persönlichen Art passen.

Die folgenden Formulierungen können sie wörtlich übernehmen oder nach ihren Bedürfnissen verändern. Sie werden im Anschluß an die «Stirnformel» angewandt. Nach einigen Tagen oder Wochen können Sie die Vorsätze zwischendurch auch ohne vorherige AT – Übung im Alltag anwenden.

- **Verspannung der Schulter-Nacken-Muskulatur, Kopfschmerzen:**
  «Nacken warm und locker.»

- **Magen-Darm-Beschwerden:**
  «Bauch angenehm warm, weich und weit.»

- **Kopfschmerzen:**
  «Die Muskeln meines Kopfes sind angenehm locker.» oder
  «Meine Haut im Gesicht und auf dem Kopf ist weich und locker.» oder
  «Mein Kopf ist weit und frei von Spannungen.»

- **Entzündungen (z. B. Nebenhöhlen oder Knie):**
  «Meine Nebenhöhlen/Knie sind warm durchströmt und heilen.»

- **Kalte Glieder/Durchblutungsstörungen:**
  «Wohlige Wärme strömt durch meine Glieder, alle schädigenden Stoffe werden ausgespült.»

- **Kiefervereiterungen:**
  «Meine Kiefer sind wohlig warm durchströmt, das Schädliche wird abtransportiert.»

- **Ohrenrauschen:**
  «Meine Ohren und Kiefer sind wohlig warm durchströmt.»

- **Atembeschwerden:**
  «Mein Atem fließt frei und gelöst.» oder
  «Atemwege kühl und weit»

- **Übergewicht:**
  «Ich bin satt und fühle mich wohl.»

- **Muskelkater:**
  «Muskeln strömend warm, schädigende Stoffe werden abtransportiert und auf natürlichem Wege ausgeschieden.»

- **Eingeschlafene Glieder:**
  «Glieder wohlig warm, das Gefühl strömt in sie ein und breitet sich in ihnen aus.»

- **Juckende Haut:**
  «Haut gesund und angenehm kühl.»

Um es ein weiteres Mal zu betonen: Veränderungen können die einzelnen Formeln allerdings nur bewirken, wenn Sie zuvor durch ausreichende Übung Ihre Wahrnehmung für Ihre Körpervorgänge sensibilisiert haben.

7. Mögliche Schwierigkeiten in der Übungsphase

Es gibt einige Schwierigkeiten, die in den Kursen immer wieder auftreten. Sie betreffen besonders die Wahrnehmung des Körpers, die Motivation zur Übung und die Umsetzung des Gelernten im Alltag. Bei konsequenter Übung in der beschriebenen Art und Weise sind es meist unbedeutende und kurzlebige Hürden.

Die Kontrolle loslassen

Verantwortlich für viele Verständnis- und Umsetzungsschwierigkeiten mit Entspannungsverfahren im allgemeinen ist unser Versuch, unser Leben in jeder Beziehung und zu möglichst jeder Zeit «im Griff» zu haben. Der Schwerpunkt unseres Lernens lag seit unserer Kindheit mehr auf der aktiven Bewältigung als auf passivem Geschehenlassen. Ruhe wurde in der Regel erst nach vollbrachter Leistung akzeptiert. Ein Übermaß an Leistung wird noch immer gerne gesehen, ein Streben nach Ausgleich durch möglichst regelmäßige Entspannung zwischen Spannungsphasen hat hingegen den Ruch der Faulheit. Wir haben also schlichtweg nicht gelernt, Spannung gehen zu lassen und Ruhe kommen zu lassen. Vielmehr entsteht leicht eine diffuse Angst, wenn bewußt wahrgenommen wird, wie die Kontrolle entgleitet.

Mit jeder Anwendung klingt dieses verunsichernde Gefühl etwas mehr ab, weil die Harmlosigkeit des Loslassens erfahren wird und eine wohltuende Gelassenheit sich einstellt, wenn die Angsthürde überwunden wurde.

Das Bedürfnis, während einer Übung zu husten, zu niesen oder sich zu kratzen

In diesen Fällen sollten sie zwei bis drei Sekunden warten, ob der Drang wieder verschwindet. Bleibt er jedoch, so sollten Sie ihm nachkommen und husten, niesen oder sich eben kratzen. Wenn Sie solche Reize zu lange unterdrücken, werden Sie zum einen zunehmend mehr unter Spannung geraten, zum anderen wird ein dann schließlich doch ausbrechender Husten oft zu einem längere Zeit andauernden oder immer wiederkehrenden Anfall, der dann störend wirkt. Dagegen ist die Störung meist nur von kurzer Dauer und Intensität, wenn Sie dem Bedürfnis gleich nachgeben.

«Was ist, wenn ich nichts empfinde?»

Ein häufiges Hindernis ist ein mangelhaftes Gefühl für den Körper. Nur wenige Teilnehmer spüren bis hin zur zweiten oder dritten Kursstunde keine Schwere oder keine Wärme. Bei Nachfragen stellt sich oft heraus, daß zuhause nicht oder nur sehr selten geübt wurde. So wird es hin und wieder als Übung angesehen, wenn nach einer Konzentration von selten mehr als einer Minute abgebrochen wird. Als Grund für die fehlende Übung stellt sich häufig eine mangelhafte Motivation, ernsthaft zu trainieren, oder eine zu große Ungeduld heraus. Einmal erzählte mir ein Gruppenmitglied, es trainiere im Gehen, weil es anders keine Zeit habe. Von günstigen Voraussetzungen konnte bei ihm natürlich nicht die Rede sein.

Ungeduld

Ist die Ungeduld zu störend, so kann daraus auf einen zu großen Erwartungsdruck geschlossen werden. Abhilfe kann hier das häufige aber kurze Üben in ungefähr dreiminütigen Einheiten bringen. Ebenso die Einrichtung eines festen Übungszeitpunkts (unmittelbar vor dem Aufstehen, vor oder nach dem Essen, nach der Arbeit), der nur für das AT reserviert ist und möglichst immer nur dazu genutzt werden sollte.

Ungeduld ist oft das Ergebnis zu großer innerer Unruhe, die dann umso deutlicher in Erscheinung tritt, wenn der Körper zur Ruhe kommt. Wird die Übung anfangs auf zwei bis drei Minuten Dauer verdichtet, so bleibt wenig Zeit für andere Gedanken.

Erfahrungsgemäß verliert sich diese Ungeduld nach den ersten «Erfolgen», die sich meist zum dritten oder vierten Termin einzustellen beginnen.

«Ich möchte meinen Herzschlag nicht spüren»

Besonders nach einer unangenehmen Erfahrung mit dem Herzen möchten viele Menschen nicht mehr an diese Erfahrung denken. Der Herzschlag erinnert sie aber jedesmal daran, wenn er ihnen bewußt wird. Er läßt viele eben auch daran denken, was sein könnte, wenn das Herz seine Arbeit einstellt. Diese Vorstellung läßt eine ganz natürliche – und ein Stück weit auch sinnvolle – Angst entstehen. Angst ist insofern eine im Prinzip sinnvolle Einrichtung, als sie uns Maßnahmen suchen und nutzen läßt, die Schädigungen des Körpers und der Psyche verhindern können. Aber es ist gar nicht sinnvoll, Angst vor seinem Herzschlag zu haben, denn er begleitet uns (glücklicherweise) überall hin. Durch ein sanftes Hinführen kann jedermann lernen, die Arbeit seines Herzens zu akzeptieren. Dadurch wird die Angst hinfällig. Die Lebensqualität steigt, weil Sie nicht ständig auf der Hut vor dem Spüren des eigenen Lebens sein müssen.

Die Angst, das Herz könnte in seiner Tätigkeit innehalten, hindert oft daran, auf dieses Organ zu achten. Oder auch die Erinnerung an eine Komplikation mit diesem so wichtigen Organ (Herzinfarkt oder vielleicht die Bypassoperation eines Bekannten) bringt Nähe zu einer befürchteten Gefahr. In diesen oder ähnlichen Fällen neigen wir manchmal dazu, den Kopf in den Sand zu stecken, um somit der Angst auszuweichen. Tatsächlich wird durch solch eine Reaktion Angst nur erhalten, vielleicht sogar verstärkt. Der angstauslösende Faktor wird nicht beseitigt.

In meiner psychologischen Ausbildung hatte ich gelernt, daß Angst nicht durch Vermeidung, sondern eher durch vorsichtige

Konfrontation mit dem angstauslösenden Moment aufgelöst oder zumindest reduziert werden kann. Seit über 13 Jahren, in denen ich mehr als 500 Kurse geleitet habe, wurde diese Formel stets mit angewandt. Ängste konnten durch ein geduldiges Heranführen im Verlauf des Kurses zum Abklingen gebracht werden. Allerdings sollte jeder die Freiheit haben, für sich selbst über Anwendung oder Nicht-Anwendung der Herzformel zu entscheiden.

Sind auf das Herz bezogene Ängste vorhanden, die das Training behindern, würde ich folgendes Vorgehen empfehlen:

- Verdeutlichung der Zusammenhänge, wie oben beschrieben,
- Beobachtung der Herztätigkeit durch Hineinfühlen in den Körper in Anwesenheit des Kursleiters,
- kurze Schilderung der Erfahrungen und Gefühle,
- Trainieren dieser Formel im Rahmen der ganz normalen Übung, das heißt, diese Formel wird integriert.
- Sollte eine starke Unruhe auftreten, die die Entspannung deutlich stört, empfehle ich, nur kurz an das Herz zu denken und dann mit den anderen Formeln fortzufahren. Um den Umgang mit der Angst zu lernen, sollte diese Formel nach Möglichkeit nicht ausgelassen werden. Wurde diese Methode befolgt, so konnte ich bisher immer eine zunehmende Akzeptanz der Herztätigkeit beobachten. Es ist daran zu denken, daß nicht Angstfreiheit, sondern die Fähigkeit, mit der Angst besser umgehen zu können, das Ziel ist.

Wichtig ist, daß Sie das Gefühl haben, Ihnen kann durch das AT geholfen werden, mit Ihrer Angst auf eine bessere Art als bisher umzugehen. Und es ist ebenso wichtig, daß Sie Vertrauen in sich selbst bekommen, indem Sie im Laufe der Übungen spüren, daß sich Ihr Symptom in seiner Intensität und Häufigkeit reduziert.

«Während der Übung werde ich unruhig»

Diese Klage kommt häufig vor. Es ist wichtig, zu realisieren, daß nicht das Verfahren zur Unruhe führt, sondern daß eine vorhandene innere Unruhe stärker wahrgenommen wird, wenn Ablenkungen wegfallen.

Es können hauptsächlich zwei Gründe für diesen Zustand genannt werden: zum einen kann er Folge einer körperlichen Beschäftigung sein. Wenn Sie kurz zuvor viele Kilometer mit dem Fahrrad gefahren oder viele Treppen hinaufgelaufen sind, so hat sich der Körper eben noch nicht beruhigt. Er braucht diese Aktivität noch einige Minuten, wird sich dann aber bald von alleine beruhigen.

Anders verhält es sich, wenn die Unruhe eine psychische Ursache hat. Wenn wir innerlich unruhig sind, so fühlen wir uns zur Aktivität gedrängt. Folgen wir diesem Impuls, so wird die Unruhe übertönt und verliert sich oft auch ein Stück weit. Tun wir aber das Gegenteil und reduzieren die körperliche und geistige Aktivität, so wird das «Grundrauschen» deutlicher hörbar. Und dann kann es passieren, daß eine Entspannung verhindert wird, weil es nicht gelingt, sich auf den Körper zu konzentrieren.

Weil Entspannungsverfahren gerade bei solchen Schwierigkeiten eine große Hilfe sein können, sollte mit dem Training fortgefahren werden. Aber eine lange, enttäuschende Übung ist eher hinderlich für die Motivation. Vielmehr sollte in diesen Fällen nur wenige Minuten (drei sind ausreichend), aber umso häufiger trainiert werden. Im allgemeinen läßt die Unrast schnell nach. Die dann erreichte Ruhe wird als ganz besonders wohltuend empfunden – eben im Kontrast zur vorherigen Ruhelosigkeit.

Ein anderer Gesichtspunkt ist, daß die Unruhe immer einen Auslöser hat. Das können eher unwichtige Geschehnisse oder auch eine zeitlich begrenzte Überlastung sein. Dann wird die Unruhe nicht über einige Tage hinausgehen. Dauert sie jedoch länger und ist vielleicht auch noch mit dem Kreisen der Gedanken und der Gefühle um einen bestimmten Themenkomplex verbunden, so könnten schwerwiegende Probleme dahinterstecken. Es sollte zunächst die Belastungssituation überdacht werden. Prüfen Sie nach, ob Sie vielleicht zu viele oder für Ihre Person zu anspruchsvolle Aufgaben übernommen haben. Trifft das zu, so überlegen Sie sich, wie Sie Ihr Pensum auf ein für Sie persönlich machbares Maß verringern können.

Sie sollten diesen Punkt nicht auf die leichte Schulter nehmen, sondern bedenken, daß körperliche oder psychische Symptome (Unruhe kann ein solches Symptom sein) von Ihrem Körper nicht einfach so produziert werden, sondern einen Sinn, oft eine Warnfunktion haben. Mißachten Sie diese Warnung, kann das zu Schäden führen.

Als Auslöser für die Rastlosigkeit kann auch ein ungelöstes Problem stehen. Sie sollten versuchen, diesem Auslöser auf die Spur zu kommen. Wenn es Ihnen nicht alleine gelingt, so empfehle ich, einen Psychotherapeuten aufzusuchen. Er/Sie ist für solche Fälle ausgebildet und kann Ihnen durch entsprechende Gespräche entscheidend helfen, Ihre Lebensqualität zu erhöhen.

Eine leider zu oft gewählte Alternative, nämlich die Einnahme von Psychopharmaka, kann zwar für einige Zeit einen lindernden Einfluß haben; sie sind jedoch in ihrer negativen Wirkung (sogenannte «Nebenwirkungen») ähnlich einzuschätzen und zu fürchten wie das Rauschgift Alkohol. Deshalb kann der Griff zu einem Psychopharmakon wenn überhaupt, dann meist nur vorübergehend sinnvoll sein – zumal wenn nicht gleichzeitig eine qualifizierte Psychotherapie begonnen wird.

Unvermittelt auftretende Traurigkeit

Gefühle können in der Ruhephase ebenso stärker wahrgenommen werden, wie Unruhe auch. Soweit es sich um Freude handelt, sind solche Erlebnisse erfreulich und dienen letztendlich der Regenerierung.

Manchmal rücken auch psychische Schmerzen in den Vordergrund der Aufmerksamkeit. Das kann dazu führen, daß Teilnehmer zu weinen beginnen.

In solchen Fällen löst die Entspannung nicht nur die muskuläre, sondern auch eine seelische Verkrampfung, die bisher das Ventil, das das Weinen darstellt, blockiert hat. So peinlich es manchem Gruppenmitglied auch ist, so entspannend wirkt es doch, wenn geweint werden kann. Dieses Zulassen der eigenen Traurigkeit kann der Beginn einer Heilungsphase sein, soweit es sich um nicht zu tief verwurzelte psychische Probleme handelt.

Die Gründe für die Traurigkeit können so vielfältig wie bei der Unruhe sein. Nicht selten sind es die gleichen. Das Weinen kann in solchen Fällen die Unruhe ablösen. Die Rastlosigkeit hat dann oft ihren Sinn verloren und verschwindet.

Der unter der Unruhe beschriebene Lösungsweg gilt auch für ein hinter der Traurigkeit steckendes psychisches Problem.

«Bei mir funktioniert das nicht»

Dieser Satz ist häufig zu hören, wenn ich frage, warum jemand den Kurs frühzeitig beenden will oder aber zuhause nicht selbständig übt. Es gibt verschiedene Gründe dafür, wenn die gewünschte Wirkung nicht eintritt. Ich will hier kurz die wichtigsten aufführen (z.T. ein zweites Mal) und auch erklären, wie verhindert werden kann, daß sie das Erlernen oder die Anwendung des AT stören:

- Übung ist wieder als wichtigste Voraussetzung zu nennen, um zu lernen, mit den verschiedensten Störungen zurechtzukommen. So kann sich kaum ein Effekt einstellen, wenn zu selten geübt wird. Dann können sich die genannten Reflexe nicht aufbauen.

  Wenn die Übungen häufig abgebrochen werden, weil Gedanken stören oder der Körper nicht gut gespürt wird, kann sich ebenfalls kein Übungseffekt einstellen.

  Der gleiche Mangel entsteht, wenn Sie regelmäßig während der Übung einschlafen. Das verhindern Sie, indem Sie die sitzende Haltung wählen oder sich während der Übung weniger Zeit lassen.

  Oft wird schon in der Lernphase nur dann geübt, wenn eine schwierige Situation entstanden ist, wie z. B. bei Schlafstörungen. Wenn das AT dann nicht in den Schlaf hineinführt, ist Enttäuschung die Folge und der gedankliche Schluß, das AT führe nicht zur Entspannung. Sie können diese Einstellung mit der Zahnpflege vergleichen. Sie kämen kaum auf die Idee, nur dann die Zähne zu putzen, wenn Sie bereits vorhandene Karies dadurch beseitigen möchten. In diesem Beispiel ist uns allen ganz klar, daß nur regelmäßige Zahnpflege zur Verhinderung von Schäden führen kann. Ähnlich führt regelmäßige Übung des AT vor allem auch unter günstigen Bedingungen zu einer so guten Verfügbarkeit, daß auch unter schwierigen Bedingungen Ruhe (und eventuell auch Schlaf) eintreten kann.

- Viele Teilnehmer glauben, sie müßten abschalten oder sich ausschließlich auf den Körper konzentrieren können. Wenn ihnen das dann einige Male nicht gelingt, geben sie weitere Versuche bald auf, mit dem Eindruck, daß das AT eben nichts für sie ist. Tatsächlich gibt es natürlich keinen «Schalter» in unserem Körper. Wenn es einen gäbe, bräuchten wir kein Entspannungsverfahren erlernen. Es ist also nicht möglich, sich von störenden Wahrnehmungen wie Geräuschen oder Gedanken «wegzuschalten». Vielmehr ist es Ziel – nicht Voraussetzung – des AT, sich leichter auf Wesentliches konzentrieren zu können. Anfangs sollten Sie deshalb auch keine tiefe Entspannung anstreben. Sobald es Ihnen gelingt, sich über die Formeln auf Ihren Körper zu konzentrieren, folgt die Entspannung unweigerlich.

Wenn Sie sich die Mühe machen, trotz fehlender schneller Erfolge konsequent weiter zu üben, werden Sie nach einiger Zeit mit Freude feststellen, daß die störenden Wahrnehmungen ihren negativen Wert verlieren. Wenn Sie eine Störquelle nicht ausschalten können (Ohrenstöpsel gegen Geräusche, ein Tuch über die Augen gegen zu grelles Licht) und trotzdem üben möchten, dann bleibt Ihnen nur der Weg, die Störung zu akzeptieren. Sie kennen aus ihrem Alltag, daß Sie einem interessanten Gespräch selbst in einer lärmenden Menschenmenge folgen können – soweit Sie das Gesprochene noch hören können. Sicher haben Sie auch schon einmal einen Menschen «übersehen», obwohl er schon längere Zeit in Ihrer Nähe war. Oder das Beispiel mit der Brille, die lange Zeit erfolglos gesucht wird, bevor sich herausstellt, daß sie auf der Nase sitzt. In diesen Beispielen wählt das Gehirn das für es Interessante aus und läßt das andere (das möglicherweise Störende) wenig oder gar nicht in das Bewußtsein gelangen.

- Im Falle mangelnder Konzentration, störender Gedanken oder Sinneswahrnehmungen sollte in der Lernphase (später wird kaum mehr von derartigen Störungen berichtet) eher häufiger, aber kürzer geübt werden. Es kann auch zwei bis drei mal hintereinander geübt werden. Die Dauer muß drei Minuten nicht überschreiten, kann aber dann verlängert werden, sobald Sie merken, daß es Ihnen leicht fällt und Freude bereitet, Ihren Körper zu spüren. Störendes, Ablenkendes wird nicht beiseite geschoben. Das gelingt nämlich – wenn überhaupt – dann nur für kurze Zeit und unter unverhältnismäßig hohem Energieaufwand. Betrachten Sie das Ablenkende und gehen Sie zu Ihrem Körper zurück, sobald es Ihnen leichter fällt. Lassen Sie Ihre Gedanken schweifen und gehen Sie zu Ihrem Körper zurück, ohne sich dabei anzustrengen oder gar zu zwingen. Gehen Sie liebevoll und geduldig mit sich um.

- Häufig ist zu hören, daß jemand vergeblich versucht, die Glieder schwer oder warm werden zu lassen. Der gleiche Irrtum ist ein häufiger Grund für frustriertes Abbrechen eines Kurses.

  Es geht überhaupt nicht darum, eine Veränderung – schon gar keine bewußte – in der Schwere oder Wärme des Körpers herbeizuführen. Die Schwere könnte ohnehin nur über die Zu- oder Abnahme von Gewicht verändert werden. Tatsächlich sollen Sie lernen, die vorhandene Schwere und Wärme zu **empfinden**. Je nach Befinden, Müdigkeit oder Spannungszustand der Muskulatur kann das Empfinden unterschiedlich intensiv sein. Je nach Spannungszustand der Muskulatur fällt es leichter oder weniger leicht, das Gewicht der Glieder zu spüren. Die Wärme der Haut verändert sich tatsächlich durch eine zunehmende Entspannung. Aber es ist – zumindest in der Anfangsphase – nicht das Ziel, diese **Veränderung** zu spüren, sondern die Wärme **die vorhanden ist**.

  Es ist also sehr wichtig, nicht irgendeinen phantasierten Idealzustand anzustreben, sondern sich – möglichst gelassen – auf das momentan mögliche Empfinden zu konzentrieren. Andernfalls üben Sie einen Leistungsdruck auf sich aus, der das Eintreten von Entspannung tatsächlich verhindern kann.

Angst vor dem Fallen und das Verlieren des Körpers

Immer wieder einmal wird berichtet, daß ein Gefühl des Fallens Angst auslöst und weitere Übungen danach ungern alleine durchgeführt werden. Viele Menschen kennen dieses Fallen aus der Situation vor dem Einschlafen. Möglicherweise hängt es mit dem Blutdruck zusammen, der normalerweise in der Entspannung sinkt. Es könnte aber auch durch die schnelle Umschaltung auf Entspannung zustandekommen und sich mit einer Angst vor Kontrollverlust verbinden.

Die Beobachtung aus der Praxis lehrt, daß diese Erscheinungen nur vorübergehend sind und leicht verhindert werden können. Während jeder Lebenssituation ist es von großer Bedeutung, stets das Gefühl zu haben, sich kontrollieren zu können. Dieser Eindruck sollte im Autogenen Training gefördert werden. Kontrolle loslassen gelingt nur bei ausreichendem Vertrauen. Und das wird nur erworben, wenn die Teilnehmer wach erfahren können, daß ihnen keine Kontrolle entzogen wird. Jeder einzelne darf in seiner Geschwindigkeit und in seinem Maße Spannung und Wachheit steuern. Wenn jemand doch einmal zu schnell absinkt, kann er durch die Bewegung eines Fingers, eines Fußes oder auch durch das Öffnen der Augen wieder sehr schnell Kontakt mit der Außenwelt aufnehmen.

Durch diese Maßnahmen werden auch aus der bewußten Wahrnehmung verlorengegangene Empfindungen der Körperwahrnehmung wiedergefunden. Diese Beobachtung, seine Arme und Beine nicht mehr zu spüren, wird in der Regel nicht als bedrohlich empfunden, kann aber anfangs doch Unsicherheit erzeugen. Auch hier hilft wieder die Erinnerung an alltägliche Wahrnehmungen: Vor dem Einschlafen können wir hin und wieder auch ohne AT feststellen, daß wir nicht mehr spüren, wo unsere Glieder liegen. Das hängt mit der verminderten Aktivität der Rezeptoren zusammen, die die Existenz unserer Glieder über Bewegung ermitteln und an unser Gehirn weitermelden.

«Früher konnte ich es einmal perfekt, aber seit diesem Ereignis gelingt es mir nicht mehr»

In die Übung kann sich eine Form der Routine einschleichen, durch die das gewohnte Ergebnis störbar wird. Wenn ein Lebensereignis eintritt, das starke Gefühle auslöst, kann die normalerweise zuverlässig empfundene Ruhe wesentlich gestört werden. Wurde vorher unflexibel mit dem AT umgegangen, indem beispielsweise immer nur vor dem Einschlafen geübt wurde, kann das zu einer Frustration führen, die wiederum weitere Anwendungen stört. Es entwickelt sich eine negative Erwartungshaltung, die im Sinne einer «sich-selbst-erfüllenden Prophezeiung» zum Verlust der gewohnten Erleichterung durch das Verfahren führt. Zu beheben ist diese Störung, indem mit verringerter Erwartungshaltung bewußt neu eingeübt wird. Dadurch schwächen sich die Befürchtungen ab und der zuvor schon zuverlässige Weg in die Ruhe wird wieder frei.

«Nach der Übung bin ich so müde»

Diese Empfindung hat seine Ursache meist in mangelhafter Rücknahme der Entspannung. Dadurch konnte sich der Körper nicht genügend auf die erwünschte Aktivität vorbereiten. Denken Sie stets daran, sich nach der Anwendung kräftig zu strecken und tief durchzuatmen, bevor Sie aufstehen.

Ein anderer Ursprung für dieses Gefühl, nicht ganz wach zu sein, ist manchmal darin zu finden, daß aus einer tiefen Ruhe geistig zu schnell ausgestiegen wird. Dann können Sie sich wie benommen fühlen. Ähnliches kennen Sie aus einem vorzeitig unterbrochenen Mittagsschlaf. In einem solchen Fall empfiehlt es sich, noch einmal die entspannte Haltung von eben einzunehmen, sich auch innerlich zurücksinken zu lassen in die tiefe Ruhe und sich bei geschlossenen Augen innerhalb von ein bis zwei Minuten ausreichend Zeit zu lassen, um die Entspannung abzuschließen. Danach strecken Sie sich kräftig.

8. Anwendung im Alltag

Die Umsetzung der vollständigen Übung

Um eine vollständige Übung durchführen zu können, brauchen Sie vor allem in der Lernphase möglichst günstige Voraussetzungen. Auch nach den ersten Wochen, in denen das Verfahren grundlegend erlernt wurde, verfestigt es die bereits erzielten Ergebnisse, wenn möglichst regelmäßig weitergeübt wird, und zwar auch dann, wenn der Weg in die Ruhe schon sehr zuverlässig bei jeder Übung gelingt. Die Anwendung aller Formeln ist der sichere Weg in eine tiefe Entspannung, die auch über den Moment hinaus eine länger andauernde Ruhe nach sich zieht.

Ein wichtiges langfristiges Ergebnis ist eine schnelle Ansprechbarkeit von Teilbereichen. Wenn Sie sich, um ein Beispiel zu nennen, während einer sitzenden Tätigkeit im linken Knie Wärme vorstellen, dann stellt sich diese Erfahrung immer sicherer ein, je mehr Übung Sie in der Wahrnehmung der Wärme in Ihrem Körper haben. Und bald erfahren Sie dann auch, daß sich die Wärme von dem betreffenden Körperteil – in diesem Fall vom linken Knie aus – fortsetzt in das ganze Bein.

In einem fortgeschrittenen Stadium gelingt es Ihnen zunehmend besser, auch unter ungünstigen Bedingungen zu üben. Es fällt dann auch nicht mehr schwer, während einer Reise im Zugabteil, im Flugzeug oder auf dem Beifahrersitz des Autos zu üben. Auch in einem Konzert, im Kino, in einem Vortrag oder unter ähnlichen Voraussetzungen, in denen Sie wenigstens einen Sitzplatz für sich haben, werden Sie eine relative Ruhe erreichen. Das sind Situationen im Alltag, die eine kurze Anwendung noch gut erlauben.

Daneben wächst aber das Bedürfnis, den wohltuenden Abstand von den Dingen des Alltags auch dann zu finden, wenn die Voraussetzungen für eine komplette Übung ungünstig oder gar nicht gegeben sind. Denn die regelmäßige Anwendung fördert die Selbstakzeptanz, so daß Sie sich bei sich selbst wohlfühlen und aus dieser Ruhe mit geistigem Abstand und frischen Kräften Ihren Alltag bewältigen.

Mit der Zeit wird die benötigte Übungszeit kürzer. Sie kommen schneller zur Ruhe und können die Anwendung in kleinen Portionen über den Tag verteilen, wenn die Umstände keine längere Pause zulassen.

Kann mir Autogenes Training auch gegen Stress helfen?

Stress kann auch als Anspannung bezeichnet werden. Ein gewisses Maß an Spannung wird als angenehm empfunden und ist Voraussetzung für ein ausgeglichenes Funktionieren des Organismus.

Auf der körperlichen Ebene zeigt sich der Stress in beobachtbaren Reaktionen. Beispielsweise in der steigenden Spannung der Muskulatur, der Blutdruck erhöht sich, die Atem- und die Herzfrequenz steigen ebenfalls.

Nach übermäßigem Stress ergeben sich körperliche Folgen, die jeder irgendwie schon erfahren mußte: Kopfschmerzen, Magenschmerzen, Rückenschmerzen, Schlafstörungen, Nervosität, Gereiztheit, Ängste und ähnliche unangenehme Reaktionen des Organismus. Diese Störungen des Wohlbefindens sollten nicht als lästige Launen des Körpers angesehen werden, die es mit Medikamenten zu bekämpfen gilt. Vielmehr sind sie Warnhinweise auf eine bevorstehende ernsthafte Schädigung, falls die Belastungen, die zu ihrem Auftreten geführt haben, nicht verringert werden.

Streß entsteht meist aus einem Zusammenwirken einer Person mit ihrer Umwelt. Allerdings kann ein Mensch eine hohe Belastung auch aus sich selbst heraus bewirken, wie das bei Alpträumen oder unvermittelt auftretenden Ängsten zu beobachten ist.

Völlige Streßfreiheit ist nicht herstellbar, aber auch nicht erwünscht. Ohne Belastungen – die auch einmal unerwartet auftreten können – würden uns Quellen der Befriedigung verloren gehen. Eine Reduktion der Gesamtbelastung – oder ihre

Kalkulierbarkeit – ist jedoch in vielen Fällen erwünscht oder sogar notwendig.

Auf Seiten des einzelnen muß neben der Suche nach Streßauslösern versucht werden, mit auftretenden Belastungen konstruktiv umzugehen und zu lernen, Schädigungen zu vermeiden. Dazu kann ein Selbstsicherheitstraining verhelfen, sowie eine Erweiterung der persönlichen Kompetenz im Umgang besonders mit unvermeidbarem Streß. Auch die unmittelbare Abreaktion durch Bewegung (nicht unbedingt Sport) sollte als wichtiger Weg zur Streßverarbeitung genutzt werden.

An dieser Stelle wird die Fähigkeit zur Entspannung nun ganz besonders wichtig. Sie ist durch die Einübung des AT besonders schnell verfügbar und unauffällig anwendbar. Die Erfahrung, eine Entspannung bei Bedarf zuverlässig herbeiführen zu können, senkt nicht nur die körperliche Anspannung, sondern vermittelt auch die Sicherheit, den persönlichen Streß bewältigen zu können (Kaluza & Basler). Es ist deshalb auch das Ziel von Strategien zur Streßbewältigung, über die Verbesserung der individuellen Entspannungsfähigkeit sowohl die Ansprechbarkeit für Streß als auch die Folgen von Belastungen zu vermindern (Nitsch).

Wenn berücksichtigt wird, daß die Intensität der Streßreaktion in unserem Alltag meist gar nicht an die auslösenden Bedingungen angepaßt ist – denn wir müssen selten körperlich gegen einen Feind kämpfen, oder tatsächlich vor einer Bedrohung davonlaufen – dann wird klar, daß eine Reduktion der im Streß entstehenden zu hohen Spannung sehr sinnvoll ist.

Jede Anwendung eines Entspannungsverfahrens reduziert die Anspannung des Körpers und der Psyche insgesamt. Die Tiefe der Ruhe ist allerdings abhängig von der Häufigkeit des bisherigen Trainings und der momentanen Befindlichkeit. Bei täglicher Übung sinkt die Belastung ab, die Belastbarkeit dagegen steigt.

Zur Bewältigung spezifischer Probleme und in schwierigen Situationen

Die Abhilfe bei speziellen Problemen ist ein fortgeschrittenes Anwendungsfeld von Entspannungsverfahren. Dabei denkt man nicht gleich an diese Möglichkeit, wenn die schwierige Situation eintritt. Versuchen Sie deshalb zunächst bei kleineren Befindensstörungen, das Erlernte anzuwenden, und wagen Sie sich nach einigen Wochen ruhig auch an größere Störungen. Erwarten Sie allerdings nicht zuviel, sondern freuen Sie sich über jede positive Veränderung, auch wenn sie nur gering ist. Die Erwartung von Wundern würde auch kleine Fortschritte behindern.

Wenn Sie am Schreibtisch bei Ihrer Arbeit sitzen und Kopfschmerzen haben, können Sie nicht immer nach Hause gehen, um das Hilfe versprechende Bett aufzusuchen. Eine Alternative wäre der Griff zur Tablette. Mit welchen negativen Wirkungen diese Wahlmöglichkeit verbunden sein kann, ist inzwischen allgemein bekannt. Eine völlig unschädliche und dennoch hilfreiche Möglichkeit ist die Anwendung der Stirnformel und der Vorstellung eines lockeren Gesichts. Aufbauend auf regelmäßiger Übung hat sich der hier wichtige Reflex herausgebildet. Dadurch kann innerhalb weniger Minuten Ihr Schmerz reduziert oder sogar ganz aufgelöst werden, ohne Tabletten und ohne daß Sie sich irgendwo hinlegen müssen. Ein anderes Beispiel sind Bauchschmerzen nach einem reichlichen Essen oder auch vor einer wichtigen Besprechung, die die Wirkung der Bauchformel segensreich erscheinen läßt. Ängste wie die vor Höhe (auf Brücken beispielsweise), vor Menschenmengen oder vor bestimmten Ereignissen können normalerweise durch generelle Entspannung in der angstauslösenden Situation vermindert werden.

Anwendung in der Bewegung

Falls Sie in Bewegung sind oder sich in einer Situation befinden, die es nicht gestattet, eine der beschriebenen Haltungen einzunehmen, dann brauchen Sie nicht auf Entspannung verzichten. Jede Bewegung erfordert nicht nur Anspannung in bestimmten Muskeln, sondern auch das Loslassen der Spannung in anderen Muskeln. Würden wir alle Muskeln gleichzeitig anspannen, wäre keine Bewegung möglich. Es ist wichtig, möglichst viel Spannung in den Muskeln loszulassen, die für die jeweilige Bewegung nicht gebraucht werden. Eine gute

Voraussetzung für ein derartiges Zusammenspiel von Anspannen und Loslassen ist eine gelöste innere Haltung, möglichst Angst- und Sorgenfrei. Das ist leider häufig nur ein fernes Ziel. Aber durch die Anwendung des Autogenen Trainings auch in kleinen Portionen können Sie viele unnötige Anspannungen loslassen. Eine Hilfe für Ihren Energiehaushalt und eine Verbesserung der Lebensqualität ist es auch dann, wenn die Lockerung nur kurze Zeit anhält.

Mit der Zeit werden sie die Spannungszustände in den verschiedenen Körpermuskeln immer zuverlässiger spüren. Mit Hilfe der Schwereformel haben Sie nach einiger Zeit gelernt, diese Spannungen auch loszulassen. Diese Fähigkeit ist auf jeden Muskel anwendbar, der bewußt angespannt und losgelassen werden kann. Über die Bauchformel ist eine ähnliche Lenkung der Spannung sogar bei unbewußt aktivierten Muskeln im Bauchbereich möglich.

Durch eine Anwendung der eingeübten Reflexe kann Spannung also auch **im Verlauf** einer Bewegung losgelassen werden. Dazu können Sie die Standardformeln verwenden oder auch eigene, kürzere Formulierungen, die speziell auf die erwünschte Reaktion Bezug nehmen.

Beispiele für die teilweise Anwendung:

Bei Verspannungen der Muskulatur ist immer die Vorstellung der Schwere und der Wärme in den harten oder gar schmerzhaften Muskeln zu empfehlen.

Im Schulter-/Nackenbereich sind wir oft angespannt. Eine Lockerung verschafft eine deutliche Erleichterung:

- In den Schultergelenken ist das Gewicht der Arme spürbar. Während Sie darauf achten und die Spannung loslassen, können Sie wahrnehmen, wie die Arme noch ein Stück tiefer sinken. Diese Lockerung ist relativ unabhängig von Ihrer momentanen Körperhaltung.

- Während des Stehens oder Gehens können Sie sich beispielsweise in Ihre Füße hineinfühlen und in den Fußgelenken spüren, wie das Gewicht des Schuhs, des Fußes in diesem Gelenk nach unten zieht. Die Anspannung bestimmter Muskeln hebt den Fuß. Gleichzeitig entspannen sich andere Muskeln.

- Ebenfalls während der Bewegung Ihres Körpers können Sie die Schwere und die Haltungsänderungen Ihres Kopfes spüren – vornehmlich am Hals. Wenn Sie sich vorstellen, wie es sich anfühlt, wenn der Hals locker und warm ist, dann befreit das von unnötigen Spannungen und der ganze Körper schwingt freier.

Derartige Lockerungen führen zu einer sich über den ganzen Körper ausbreitenden Entspannung, die vielleicht gering ist und nicht lange anhält, aber dennoch zur Entlastung führt, umso mehr, je häufiger sie angewandt werden. Ähnliche Veränderungen können Sie mit den anderen Formelinhalten erreichen.

Die Anwendung einzelner Formeln

Eine komplette Übung kann – bei ausreichendem Training – innerhalb von wenigen Minuten die gewünschte Wirkung zeigen. Aber im Laufe des Tages fehlen manchmal nicht diese wenigen Minuten, sondern die Gelegenheit, die Augen zu schließen und sich einigermaßen ungestört in seinem Stuhl zurücklehnen zu können. Dann stellt sich die Frage, ob es Sinn macht, auch einzelne Formeln oder Vorstellungen anzuwenden, oder ob gar keine Hilfe vom AT erwartet werden kann.

Vorausgesetzt, sie haben die Reflexe durch häufiges, wenigstens einigermaßen regelmäßiges Üben ausreichend gefestigt, können – sinnvoll angewandt – einzelne Formeln Erstaunliches zur Folge haben. Wie bereits ausgeführt, sind es einige körperliche und psychische Schwierigkeiten, die für den Moment oder sogar auch bleibend günstig verändert werden können:

Schwere

Immer dann, wenn Sie ganz allgemein verspannt sind, können Sie sich in die Schwere Ihrer Glieder hineinfühlen und dadurch etwas spüren, was vielleicht ein Gefühle der Bodenständigkeit genannt werden könnte. Ein Abstand zu den Dingen, die Sie dazu brachten, sich zu verspannen, entsteht, indem Sie sich auf diese Verbindung zur Erde besinnen. Sie hat etwas Grundsätzliches, neben dem das Alltägliche an Bedeutung verliert.

Aber auch einzelne Gliedmaßen können mit der Aufmerksamkeit angesteuert werden. Beispielsweise können Sie die Hand, mit der Sie eine Arbeit verrichtet haben (die die Muskeln dieser Hand sich zunehmend verspannen ließ) mit der Vorstellung der Schwere schnell lockern. Es gelingt ziemlich gut, das Gewicht des Armes in den Schultergelenken, das Gewicht des Fußes im Fußgelenk, oder überhaupt in den Gelenken der Arme und Beine eigene Schwere zu spüren. Wenn Sie Ihren Oberkörper bewußt in sich zusammensinken lassen, spüren Sie vielleicht eindrücklich Ihre Körperschwere, ähnlich wie wenn Sie Ihr Gewicht bewußt mit seiner ganzen Schwere in das Bett hineinsinken lassen.

Sie sollten daran denken, daß dies Anwendungsmöglichkeiten sind, die nicht nach den ersten beiden Übungstagen erwartet werden dürfen. Aber nach den ersten beiden Wochen sollten Sie diese Effekte ruhig hin und wieder erproben. Überraschung ob der Wirksamkeit ist oft die Folge.

Wärme

Eine höhere Durchblutung als Folge der Vorstellung von Wärme führt zu einer Lockerung der Muskulatur und zu einem höheren Wohlbefinden. Um dieses Ziel zu erreichen, muß bald nicht mehr die ganze Übung angewandt werden.

Schmerzen können durch eine vermehrte Durchblutung oft reduziert oder wenigstens besser ertragen werden. Anhaltende Schmerzen können Verspannungen hervorrufen, die ihrerseits nach einiger Zeit zu einem «Sekundärschmerz» führen können. Zumindest diese Folge-Schmerzen werden durch die Vorstellung der Wärme und die damit verbundene Durchblutung meist wesentlich gelindert oder sogar vermieden, indem Ihre Aufmerksamkeit im Laufe des Tages immer mal wieder für einen Moment dort hinwandert und Wärme «hineindenkt». Wie bei der Schwereübung können Sie auch Ihren Einfluß auf die Durchblutung im Alltag unauffällig nutzen, um Spannungen zu lösen, indem Sie sich in den betreffenden Körperteilen wohlige Wärme vorstellen.

Die Wärmeübung befähigt auch dazu, die Durchblutung zu **verringern**. Das hilft bei manchen Schmerzen, die durch Wärme verstärkt werden. Die Vorstellung der Kühle bis hin zur Kälte läßt das Empfinden abklingen.

Auch bei den meist sehr hartnäckigen und lästigen Ohrgeräuschen kann eine positive Veränderung erreicht werden, indem die Durchblutung über entsprechende Vorstellungen erhöht wird: Wenn in Ihren Ohren Ventile geöffnet würden, könnte mehr Sauerstoff mit der Wärme hineinfließen. Die Geräusche würden abklingen.

Atmung

Die Art, wie geatmet wird, spiegelt den Spannungszustand des Körpers wieder. Auf der anderen Seite kann die Spannung des Körpers reduziert werden, indem die Atmung sich beruhigt.

Stellen Sie sich vor, daß Ihr Atem in Spannungen hineinfließt und dort lockernd wirkt. Lassen Sie mit Ihrem Ausatmen Wärme dort hin strömen, wo sie angenehm ist. Mit dem Einatmen kann die frische und kühle Luft die Bronchien entspannen und weiten. Ihre Atmung fließt freier.

Herz

Die Sensibilität für die Belastung und Belastbarkeit dieses Organs wird durch die Übungen deutlich gefördert. Dieser Aspekt kann als Schutz vor Überforderung sehr wichtig sein. Gerade auch Menschen mit einer Herzschädigung und daraus resultierender geringerer Belastbarkeit suchen nach Maßen der Leistungsfähigkeit. Bei gesteigerter Sensibilität für die Tätigkeit des Herzens gelingt es sicherer, hohe von geringer Belastung zu unterscheiden. So fällt es denn auch leichter, bei Belastungen, die nicht mit körperlicher Aktivität einhergehen, die eigene Grenze frühzeitig zu erkennen. Außerdem werden Warnhinweise für eine Überlastung leichter von der normalen Empfindung unterschieden.

Bauch

Der Einfluß psychischer Belastungen auf den Magen-/Darmbereich ist bekannt. Magenschmerzen, die nach einer Belastungssituation oder vor einem schwierigen Gespräch, einer Prüfung oder ähnlichem auftreten, können recht eindeutig der Spannungssituation zugeschrieben werden, in der der Mensch sich zu dieser Zeit befindet. Dagegen wirkt Entspannung bekanntermaßen heilend in diesen Organen.

Die Entspannungssituation bewirkt die Umschaltung auf eine überwiegend parasympathische Beeinflussung. Dadurch werden regenerative Prozesse gefördert. Diese ausgleichenden, den momentanen Bedürfnissen angepaßten Regelungen verhindern nicht nur eine weitere Schädigung, sondern fördern eine Gesundung. Es ist im beschriebenen Sinne sehr wertvoll, sich mehrmals täglich seines Bauches zu erinnern. Wenn Sie ihn dann warm, weich und weit hängen lassen, entspannt er sich und Sie schützen ihn vor Schmerzen und vor Schädigung – selbst dann, wenn diese Hinwendung jeweils nur Sekunden dauert.

Bei Problemen mit Übergewicht kann eine ausführliche Übung vor dem Essen zu einem reduzierten Hungergefühl und zu gemäßigterem und bewußterem Eßverhalten führen. Auch mit formelhaften Vorsätzen können Sie Ihr Eßverhalten günstig beeinflussen.

Stirn

In Folge der Entspannung überhaupt, speziell aber durch die Anwendung der Stirn-Formel können Kopfschmerzen deutlich reduziert oder sogar zum Abklingen gebracht werden.

Manchmal wird in der Entspannung zunächst eine Zunahme der Intensität bereits vorhandener Schmerzen berichtet. Nach einer kurzen Übergangszeit reduziert sich der Schmerz jedoch.

Es ist wichtig, zu Beginn des Schmerzes zu üben. Wenn Sie zu lange warten, fällt es Ihnen eventuell zu schwer, sich gegen die Empfindung des Schmerzes auf die anderen Körpergefühle zu konzentrieren. Am besten aber hilft die vorbeugende Übung.

Sollten Sie häufiger Kopfschmerzen haben, ist es empfehlenswert, längere Zeit bei dieser Formel zu verweilen und möglichst gute Bilder/Vorstellungen von einem freien, gelösten, kühlen Kopf zu entwickeln. Wenn Sie ein Druckgefühl im Kopf haben, das bei Kopfschmerzen auftreten kann oder auch bei einem zu hohen Blutdruck, dann kann es Ihnen helfen, sich vorzustellen, wie Sie den Druck (vielleicht über ein Ventil oder mit dem Ausatmen) ablassen.

Allen genannten Störungen können Sie vorbeugen, indem Sie regelmäßig die vollständige Übung anwenden. Es wäre zuviel erwartet und deshalb hinderlich, würden Sie damit rechnen, daß die Wirkung des Autogenen Trainings unter allen Umständen gleich intensiv ist. Vielmehr können Sie davon ausgehen, daß die besten Ergebnisse unter **günstigen** Ausgangsbedingungen zu erwarten sind. Je mehr Spannung die Situation, in der Sie üben, in Ihnen hervorruft, desto weniger Entlastung dürfen Sie erwarten. Aber selbst unter ungünstigsten Bedingungen, unter denen Sie vielleicht keine Wirkung bewußt wahrnehmen können, werden Sie erleben, daß durch die Anwendung eine merkliche Lösung der Spannung erfolgt.

9. Hypnose und Gemeinsamkeiten mit dem Autogenen Training

Das Autogene Training ist aus der Hypnose entstanden. Schultz hat aus den Schilderungen Hypnotisierter seine Formeln erstellt. Er vergleicht den Eingang in eine Hypnose mit dem Einschlafprozeß und schließt, «…daß beim normalen Menschen unter entsprechenden Bedingungen eine Hypnotisierung in jedem Fall durchführbar ist.» Das gleiche gilt nach seiner Erfahrung für das Autogene Training.

Wenn im Kurs die Formeln durch den Kursleiter vorgesprochen werden, könnte bereits von einer Fremdhypnose gesprochen werden (Kraft). Schultz selbst bezeichnet das Autogene Training als Selbsthypnose, als «Tochterdisziplin des Hypnotismus».

Der Begriff der Suggestion im Autogenen Training

Im Unterschied zur Wirkung einer Fremdhypnose ist die suggestive Wirkung der Formeln des AT nur schwach und auch nicht notwendig. In der Grundstufe ist dieser Begriff eher geeignet, zu verwirren, als zu erklären. Eine wenigstens schwach ausgeprägte Fähigkeit, den eigenen Körper zu spüren, vermittelt die Wahrnehmung von Schwere, Wärme, Atem- und Herztätigkeit. Bauchwärme und kühle Stirn sind der alltäglichen Aufmerksamkeit eher fern und werden deshalb von den meisten Teilnehmern erst nach einiger Übung wahrgenommen. Diese Phase des Kennenlernens der Körpergefühle kann als Sensibilisierungsphase bezeichnet werden. Die Konzentration der Aufmerksamkeit auf diese Körperphänomene führt bereits in einen hypnotischen Zustand, ohne Suggestionen zu verwenden.

Suggestionen kommen erst zum Tragen, wenn etwas herbeigeführt werden soll, das noch nicht eingetreten ist, wenn also ein Veränderungswunsch besteht. In Anlehnung an den Gebrauch des Begriffes durch Erickson, wonach der Suggestion ein klarer Wunsch nach einer bestimmten Reaktion zugrundeliegt (Erickson & Rossi), verstehe ich die Suggestion als Möglichkeit, in einem Trancezustand erwünschte Veränderungen zu fördern (Erickson, Rossi & Rossi). Normalerweise liegen die Aufnahme und die Realisierung einer Suggestion weitgehend außerhalb der willkürlichen Kontrolle. Wenn beispielsweise die Wärme sich in das schmerzhafte Kniegelenk ausbreiten soll, stellt die Formel «Im rechten Knie breitet sich wohlige Wärme aus» eine direkte Suggestion dar. Dagegen ist die während der Übung wahrgenommene Wärme in der Haut bereits weitgehend vorhanden. Es geht während des Lernprozesses also nicht um eine Veränderung sondern um eine passive Wahrnehmung vorhandener Folgen der Spannungsreduktion. Im Unterschied dazu soll durch eine Suggestion eine darüberhinausgehende, erwünschte Veränderung herbeigeführt werden.

Diese Unterscheidung ist insofern wichtig, als dem AT jeder mystische Anstrich genommen werden kann, wenn auf diese Weise eine Klärung der Absichten und Möglichkeiten geschieht. Und die reine Wahrnehmung der die Entspannung begleitenden Körperphänomene erreicht mit wenig Übung auch der kritische Teilnehmer. Wenn diese Wahrnehmungen sicher gelingen und fest mit der Entspannung verbunden sind, kann auf ihrer Basis zu Suggestionen übergegangen werden, die dann auch einfacher realisiert werden, solange die Ziele an den persönlichen Möglichkeiten orientiert bleiben. Diese Möglichkeiten wiederum werden mit der Anwendung zunehmend größer. Die formelhaften Vorsätze arbeiten bereits mit Suggestionen.

Die therapeutische Hypnose, die von dazu ausgebildeten Psychologen oder Medizinern durchgeführt wird, hat das Ziel, einen anderen Bewußtseinszustand herbeizuführen, in dem für den Organismus positiv wirkende Veränderungen unterstützt werden sollen. Es werden dabei in unserem bewußten Denken vorhandene Einstellungen und Denkmuster, die Problemlösungen oder auch Heilungen behindern, umgangen oder positiv verändert.

Im Autogenen Training wird schon durch die alleinige Konzentration auf den Körper ein veränderter Bewußtseinszustand erreicht. Die Verwendung der Formeln, das heißt das innere Vorsprechen unterstützt diese Konzentration. Das Fortschreiten von einer Körperwahrnehmung zur nächsten vertieft die entstehende Ruhe. Nach einiger Anwendung gleicht dieser Prozeß dem hinuntersteigen in eine zunehmend tiefere Trance. Dabei stellt jede Formel eine Stufe dar. Wenn sie unten angekommen sind, können sie dort einfach in Ruhe verweilen und diesen Schwebezustand genießen. Das entspricht der Grundstufe des AT. Wenn Sie darauf aufbauen wollen, können Sie mit den formelhaften Vorsätzen, die Suggestionen enthalten, persönliche Ziele anstreben.

Dadurch, daß die Aufmerksamkeit beim AT auf die Formelinhalte eingeengt wird, löst sie sich von der unwillkürlichen Lenkung durch Außen- oder auch Innenreize. Wie ein Laserstrahl kann sie mit zunehmender Übung auf bestimmte Bereiche gebündelt werden und die Wahrnehmung um neue Nuancen erweitern. Durch speziell gestaltete Geschichten kann die Aufmerksamkeit gelenkt werden. Insofern besteht eine erweiterte Möglichkeit, sich kreative Ressourcen zu erschließen, in der Anwendung von Phantasiereisen. Sie werden in der Therapie unter anderem dazu genutzt, die Körperabwehr zu steigern. Erfolge werden aus vielen Bereichen, auch in der Krebsbekämpfung berichtet (siehe beispielsweise Simonton, Simonton & Creighton und Susen oder Peter & Kraiker).

10. Phantasiereisen

Nachdem Sie durch regelmäßige Anwendung der Grundstufe soweit gekommen sind, innerhalb weniger Minuten tief zu entspannen, haben sie festgestellt, daß die Pflichten und Sorgen des Alltags deutlich an Einfluß auf Ihre Stimmung und das Ausmaß Ihrer Anspannung verloren haben. Als nächsten Schritt haben Sie gelernt, daß Sie diese Ruhe und Gelassenheit als Ausgangspunkt für weitere Veränderungen nutzen können, indem Sie formelhafte Vorsätze an das Ende der Grundstufe anfügen.

Im nächsten Schritt beginnen Sie, die bisher erlernten Einflußmöglichkeiten spielerisch anzuwenden, über vorgestellte Sinneswahrnehmungen Ihr Bewußtsein zu erweitern oder Einfluß auf – auch tiefer liegende oder weiter in Ihre Vergangenheit reichende – Einstellungen und Verhaltensmuster zu bekommen, immer mit dem Ziel, Ihre Gesundheit zu schützen, zu unterstützen, wiederherzustellen und Ihre Lebensqualität zu steigern. Dadurch werden die schönen Momente Ihres Lebens häufiger, auch weil Sie wieder lernen, die Gegenwart zu genießen und sich selbst mehr zu akzeptieren. Denn die Quelle liegt in Ihnen. Und die folgenden Geschichten können viel dazu beitragen, sie zu finden und zu erschließen (Wilk, 1999).

Sie erfüllen einen Teil der Funktionen von Tagträumen, die Sie aus Ihrem Alltag kennen: Sie erlauben sich (meist unbewußt), sich einige Minuten ohne innere Grenzen in eine Erinnerung oder Phantasie hineintreiben zu lassen. Als Ergebnis erreichen Sie einen sehr angenehmen – und außerordentlich gesunden – Zustand des inneren Gelöstseins.

Im Laufe meiner Arbeit mit Entspannungszuständen und mit der Hypnotherapie habe ich den Eindruck gewonnen, daß die gesunde Wirkung von Entspannung oder von Tagträumen nur von wenigen Menschen erkannt wird, obwohl sie uns ständig begleiten. Sie kennen diese Zustände von Gelegenheiten, wo Sie nichts tun konnten, als sich treiben zu lassen. Meist brauchen wir äußere Anlässe, die uns hindern, uns durch Arbeit oder irgendwelche Beschäftigungen abzulenken. Gelegenheiten finden sich in dem seltener gewordenen Kirchgang, in der Schule oder bei Spaziergängen.

Als absichtlich herbeigeführte Tagträume können Sie die sogenannten Phantasiereisen (auch als Visualisierungsübungen oder positive Imaginationen bezeichnet) nutzen, um sich eine Atempause, Ihrer Psyche einen Kurzurlaub in schönen Bildern zu gönnen.

Auch wenn Sie das regelmäßig tun, führt es keineswegs zu einer Abhängigkeit oder zu einer Flucht vor den Schwierigkeiten des Alltags. Vielmehr regenerieren Sie sich in solchen Ruhezuständen außerordentlich schnell und gründlich. Gleichzeitig relativieren sich sogenannte Probleme, indem Sie aus der Ruhe mit einer anderen Sichtweise wieder «auftauchen». Daraus leitet sich ein weiterer wichtiger Aspekt der Reisen in die Phantasie ab: In der Vorstellung ist es nämlich möglich, sich Lösungen zu erlauben (aus dem Unbewußten auftauchen zu lassen), die man sich in der alltäglichen Realität nicht gestatten würde.

Nicht jede dieser Geschichten spricht jeden Menschen gleich stark an. Sie sollten deshalb lediglich als Leitfaden betrachtet werden, an dem entlang Sie in Ihre eigenen Bilder hineingehen können. Wie ein Märchen, bei dem die Atmosphäre des Andersartigen, der Pause in der Realität viel wichtiger ist als der Realitätsbezug des Gesprochenen.

Anleitung

Die Geschichten können auf verschiedene Weise ihre Wirkung entfalten. Die einfachste Anwendung ist das Lesen. Legen Sie dabei immer dann eine kurze Pause ein – im Bereich von zehn bis zwanzig Sekunden – wenn Sie bis zu den nächsten Punkten gelesen haben oder auch zwischendurch, wenn Ihnen danach ist. Lassen Sie dabei Ihre Empfindungen und Gedanken schweifen, ohne das Ziel, die gelesenen Worte unbedingt verstehen zu wollen. Sie richten sich an das Unbewußte und entfalten ihre Wirkung umso besser, je weniger sie durch die alltägliche Denkweise eingeschränkt werden.

Ein anderer Umgang ist es, erst den ganzen Text in Ruhe durchzulesen und ein Gefühl sich entwickeln zu lassen, wie Sie die Geschichte für sich selbst gestalten würden. Danach setzen oder legen Sie sich in die Lage, die Sie aus dem AT kennen, schließen die Augen und stimmen sich durch eine kurze Übung des AT ein. Dann lassen Sie sich auf die Geschichte ein, ohne sich in irgendeine Richtung zu drängen. Lassen Sie die Bilder und die dazugehörigen Gefühle kommen. Versuchen Sie nicht, eine ganz bestimmte Situation, Erinnerung oder Phantasie «herzustellen». Das würde Sie relativ schnell anspannen und aus der Ruhe herausführen. Sie können sehr wohl an bestimmte Bilder oder Erinnerungen denken, sollten sie aber nicht festhalten, sondern bereitwillig gehen lassen, wenn sich daraus auch keine Geschichte entwickelt, wie Sie es vielleicht erwarten.

Wenn es Ihnen schwer fällt, sich Ihrer Phantasie zu überlassen, dann können Sie den Text auch auf eine Cassette sprechen oder von einer Freundin, einem Freund sprechen lassen, wenn er oder sie eine entsprechend angenehme Stimme hat.

Der zeitliche Rahmen sollte im Normalfall zwischen zehn und zwanzig Minuten liegen. Wenn Sie wenig Zeit haben oder ein Einschlafen verhindern wollen, können Sie auch nur verkürzte Bilder als Leitfaden nehmen. Wenn Sie viel Zeit haben, die dabei entstehenden angenehmen Empfindungen länger genießen wollen oder aber in bestimmten Bildern oder Körperbereichen länger verweilen wollen, so können Sie diese Übungen beliebig lang ausdehnen.

Bevor Sie sich dem Text zuwenden, lassen Sie bewußt noch einmal die Geräusche an sich vorüberziehen, ohne sie festzuhalten, aber auch ohne sie wegzuschieben. Lassen Sie alles, was Ihnen begegnet, vorüberziehen, möglichst ohne innere Beteiligung.

So wie auch im Alltag manche Erinnerungen mit negativen Assoziationen verbunden sind, können in seltenen Fällen auch negative Erinnerungen oder Eindrücke während eines solchen Tagtraums auftauchen. Dann verhalten Sie sich am besten genauso wie in ähnlichen Fällen im Alltag, indem Sie die Entspannung zurücknehmen und zu einem anderen Zeitpunkt neu beginnen. Dann aber besser mit einem anderen Bild als Ausgangspunkt.

Strandurlaub

Diese Reise ist besonders angenehm und auch leicht nachvollziehbar, weil die Empfindungen, von denen sie handelt, für die meisten von uns bekannt sind und als ausgesprochen wohltuend empfunden werden. Sie beschäftigt sich auf körperlicher Ebene auch mit der Schwere, Wärme, Atmung und Stirnkühle, jedoch konkretisiert durch einen entsprechenden Rahmen und eingebunden in eigene Erlebnisse oder Phantasien. Die intensive Beschäftigung mit diesen Bildern erhöht die Sensibilität für den eigenen Körper und die angesprochenen Prozesse, fördert die Durchblutung und ermöglicht einigen Abstand vom Alltag.

Während Sie nun Ihre Augen geschlossen haben und Ihren Körper spüren... können Sie die verschiedenen Geräusche und Gedanken kommen und gehen lassen... und Sie können es sich jetzt erlauben... sich zu erinnern oder vorzustellen... welche Gefühle und Empfindungen Sie haben, wenn Sie an einem warmen Sommertag... an einem schönen Strand... im warmen, weichen Sand liegen...

mit seiner ganzen Schwere drückt sich Ihr Körper hinein... wie ein ideales Bett paßt sich der warme, trockene Sand Ihrem Körper an... verändert sich bei jeder Bewegung mit... Sand rieselt, kleine Häufchen bilden sich... die gesunde Wärme des weichen Sandes strahlt von unten in Ihren Körper... wärmt Sie wohlig bis tief hinein in Ihre Gelenke... die Sonne scheint... Sie wärmt Ihren Körper auch von oben... nur Ihr Kopf liegt im angenehm kühlen Schatten... und so können Sie es jetzt ausgiebig genießen... einfach nur da zu sein... angenehm schwer und rundum wohlig warm... die Dinge des Alltags für die nächsten Minuten ein Stück weit entfernt...

in einiger Entfernung ist das gleichmäßige Rauschen des Meeres zu hören... ruhig und stetig rollen die Wellen an den Strand... das Wasser verschwindet rasch im feinen Sand... etwas Schaum bleibt liegen... den der Wind verweht... vereinzelt liegen da Muscheln, Steine, Treibgut... ein Stück weiter draußen bewegt sich eine farbige Boje im steten auf und ab der Wellen... ruhig und gleichmäßig bewegt sich Ihr Atem ein und aus...

über die schier unendliche Weite des Meeres weht ein Wind heran... er bringt diesen typischen Geruch des Meeres mit sich... und viel gesunden Sauerstoff... der so gut tut beim Atmen... der in jede einzelne Zelle Ihres Körpers Energie bringt... und Frische und Weite...

der Wind streicht sanft über Ihre Haut... bewegt die Härchen auf Ihrem Körper... und lagert überall feinste Spuren von Meersalz ab... das in der Sonne weißlich schimmert... sich rauh anfühlt, wenn die Hand darüberfährt... das die Haare steif macht... und auf den Lippen salzig schmeckt, wenn die Zunge darüberfährt...

Der Himmel ist blau... nur vereinzelt sind Wolken zu sehen... hier und da eine Möwe mit ihren bekannten Rufen...

und so können Sie es ausgiebig genießen... einfach nur da zu sein... angenehm schwer und rundum wohlig warm... ausreichend fern vom Alltag...

Lösen Sie sich nun behutsam aber vollständig wieder aus dieser Erfahrung... bringen ausreichend Erfrischung und Erneuerung mit, um sich wohlzufühlen... und Sie sind mit dem Öffnen Ihrer Augen wieder wach und klar.

Wiese

So wie Sie in Ihrer Vorstellung an einem Strand entspannen können, ist auch das Bild einer Wiese zu nutzen. Manche Menschen mögen eher die Eindrücke, die man auf einer Wiese im Frühling oder Sommer bekommt und bevorzugen eine solche Geschichte. Auch mit diesem Rahmen können Sie die Wirkungen der Ruhe auf den Körper beobachten und genießen und gleichzeitig Ihr Bewußtsein für das erweitern, was Sie auf einer solchen Wiese besonders erfreut.

Nachdem Sie Ihren Körper nun wieder etwas deutlicher spüren... und es genießen... daß die Ruhe sich in Ihnen ausbreitet...

können Sie innerlich Ihre Schritte auf eine Wiese lenken... die im Sonnenschein liegt... Sie spüren unter Ihren Füßen den weichen Boden... spüren, wie die Gräser und anderen Pflanzen nachgeben unter Ihrem Gewicht... und sehen... wenn Sie sich umdrehen... wie sie sich schon wieder aufzurichten beginnen, sobald Sie Ihren Fuß weiterbewegt haben...

Sie lassen Ihre Augen über die Wiese schweifen... erfreuen sich an den vielen Farben... und finden einen Platz, der Ihnen besonders gut gefällt... während Sie dort hingehen, wird der Geruch der Blumen und der Gräser intensiver... Sie können sich hinuntersinken lassen... sich vielleicht auf einen kleinen Erdhügel setzen... genießen die Ruhe und das Gefühl, nichts tun zu müssen... einfach nur da zu sein... vereinzelt stehen Bäume in Ihrer Nähe... Vögel sitzen darin und singen... die Blätter bewegen sich im Wind, rauschen, als ob sie sich mit den Vögeln unterhalten wollten... Ihre Augen finden unter all den Blumen auch eine, die Sie besonders mögen...

Schmetterlinge bewegen sich von Blüte zu Blüte... treffen sich dort manchmal mit anderen... ihr Flug ist mal angestrengt, wie Arbeit... dann leicht wie ein Blatt... wenn der Wind sie trägt... und taumelnd, wenn ein Windstoß ihre großen Flügel erfaßt und hineinbläst...

Das gleichmäßig tiefe Summen und Brummen der Bienen, Hummeln und anderer kleiner Nektarsammler... läßt Sie etwas müde werden... und warum sollten Sie es nicht tun... Sie folgen dem Bedürfnis... sich mit Ihrer Schwere in das weiche Bett aus Gras sinken zu lassen... vielleicht mit einer Decke als Unterlage... die Sonne scheint dabei auf Ihren Körper... wärmt Sie wohlig...

In dieser Lage genießen Sie es... ein Teil der Wiese zu sein für den Moment... spüren die angenehme Schwere und Wärme Ihrer Glieder...

Sie können noch den blauen Himmel betrachten... in der Tiefe einige wenige Wolken... Raubvögel lassen sich scheinbar schwerelos vom Wind tragen... und Ihre Augen können sich schließen für einige Minuten tiefer Ruhe und Erholung... dabei können Ihre Gedanken abschweifen... Traumbilder kommen und gehen... während Sie ruhig und gleichmäßig die würzige, gesunde Luft der Pflanzen um Sie herum atmen...

Nach einiger Zeit der tiefen Ruhe haben Sie das Gefühl, nun wieder aktiver werden zu wollen... Sie setzen sich auf, erfreuen sich an dem Bild, das sich Ihnen bietet... die Farben wirken nun kräftiger... die Stimmen der Vögel und Insekten sind leichter voneinander zu unterscheiden... Sie stehen auf und gehen Ihren Weg zurück... im Bewußtsein der Bewegungen Ihres Körpers... bringen aus dieser Erfahrung Erfrischung und Erneuerung mit... und sind mit dem Öffnen Ihrer Augen wach und klar.

Auftauen

In körperlichen Anspannungen und psychischen Unbeweglichkeiten ist Energie gebunden, die uns für Veränderungen und auch für Freude fehlt. In der Entspannung kann das Bild des in der warmen Sonne tauenden Eises übertragen werden auf die Verhärtungen in uns, um beweglich zu machen und Energie frei zu bekommen für kreative Veränderungen in unserem Leben. Auch in den kleinen Dingen.

und während Sie sich nun wieder für die nächsten Minuten erlauben dürfen... die Ruhe zu genießen... die sich so wohltuend ausbreitet... in der angenehmen Schwere der Muskeln... der wohligen Wärme des Körpers...

können Sie die Freiheit der Vorstellung nutzen... für schöne Bilder und Empfindungen...

so wie sich in der Wärme Frost löst... dabei immer mehr auftaut... so kann das, was vom Alltag übriggeblieben ist... sich lösen... auftauen in Ruhe... wie Spannung sich löst in Wärme... ähnlich wie der auftauende Frost abperlen... und dann verdunsten.......

und so lösen sich die im Moment unnötigen Dinge... mit jedem vielleicht unhörbaren Sekundentakt mehr auf... so wie die Sonne auf den Frost scheint und ihn auflöst... zum Verschwinden bringt... weicht Ihre Ruhe jetzt die verkrusteten Alltagsdinge auf... mit jedem Ausatmen mehr und tiefer...

und das frei werdende Wasser... das gebunden war in festem Eis... wird beweglich... steht neu zur Verfügung... es kann gereinigt und dann getrunken werden... erfrischt den Körper und den Geist...

und in dem Maße wie der Frost abgetaut wird... durch die wohlige Wärme... der hellen Sonne... werden Sie leichter... beweglicher... werden Ihre Phantasie und Ihre Gefühle freier... können hinausschweben... in das Reich der Farben... vielleicht in schöne Erinnerungen... und Bilder... die vielleicht nichts anderes sind als zukünftige Erinnerungen... und es kann sehr angehm sein... mit Leichtigkeit in der eigenen Schwere schweben zu können...wie eine Wolke am Himmel... oder eine leichte Feder auf einem warmen Wüstenwind... der schon viel gesehen hat auf seinem Weg um die Erde...

und so können Sie es jetzt ausgiebig genießen... in Ihrem Körper... in der ganzen Länge der nächsten ein bis zwei Minuten... leicht und warm zu schweben... im farbigen Reichtum der Vorstellungen und Bilder und Ideen...

um dann jetzt damit zu beginnen... diese Dinge für den Moment abzuschließen... auf eine Weise... daß sie Ihnen immer dann zur Verfügung stehen... wenn Sie etwas mit Ihnen anfangen können... auch ohne vorherige bewußte Entscheidung...

um jetzt in Ihrer eigenen Geschwindigkeit hierher zurückzukommen... ein ausreichendes Stück entfernt von den ver-

gangenen Dingen des Tages... die an Farbe und Gewicht verloren haben... während die wirklich wichtigen Gefühle und Dinge auf eine gute Weise weiter vorhanden sind... und an Prägnanz gewinnen... sind Sie mit dem Öffnen Ihrer Augen wach und klar.

Schmerz und Entspannung

Die beiden folgenden Geschichten sind geeignet, nicht nur Ruhe zu finden, sondern auch Schmerzen abklingen zu lassen.

Allerdings müssen wir berücksichtigen, daß Schmerzen als Alarmsignale eine sehr wichtige Bedeutung haben. Sie sollten deshalb erst dann wirksam reduziert werden – das gilt auch für den Umgang mit Medikamenten – wenn die Ursachen bekannt sind und entsprechende Maßnahmen zur Gesunderhaltung des Körpers eingeleitet wurden. Der Schmerz ist also kein Feind, sondern lediglich ein sinnvolles Signal, das uns vor Schaden bewahren soll. Daß er uns peinigt, ist in diesem Sinne meist ausgesprochen wichtig, erinnert er uns doch daran, daß wir auf uns aufpassen müssen.

Jeder von uns mußte im Laufe seines Lebens Schmerzen ertragen. Deshalb kennen wir auch die wohltuende Erfahrung, wenn dieses peinigende Gefühl nachläßt. Und jeder weiß, daß der Schmerz von Spannung verstärkt und von tiefer Entspannung verringert werden kann.

Die Bilder und Formulierungen in den nächsten beiden Geschichten sprechen jene Fähigkeiten in uns an, die es uns ermöglichen, Spannungen loszulassen und Abstand vom Schmerz zu gewinnen.

Beide Geschichten habe ich für den Umgang mit Schmerzen abgewandelt. Sie finden sich in ihrer ursprünglichen Form in «Innehalten und Verweilen» (Wilk, 1999).

Ganz alltägliche Gedanken, Sorgen, vergangene Geschehnisse und belastende Zukunftsannahmen können ebenso wie Schmerzen als Last auf unseren Körper drücken, uns die Luft zum Atmen nehmen, uns das Leben schwer machen. Wenn wir diese Belastungen als Tropfen symbolisieren, die an uns hängen, dann können wir uns vorstellen, wie es sich anfühlt, wenn diese Tropfen abfallen. Über diese Metapher können auch die

Belastungen durch Alltag und Schmerzen einiges an Gewicht verlieren.

Alltagstropfen und Schmerzen loslassen

da sind die vielen verschiedenen Dinge des Tagesgeschehens... die an Ihnen hängen... vielleicht wie Wassertropfen in den Falten Ihrer Kleidung, Ihrer Haut und Haare...

auch unterschiedlich schwer und groß...

dieser Tropfen ist ein Gedanke... ein anderer, vielleicht größerer Tropfen ist ein Ärger... und noch ein anderer eine Sorge... wieder ein anderer ein Schmerz... und da sind viele Tropfen... so manche sind irgendwann in der Vergangenheit sinnlos geworden... sie hängen eben noch da... mit ihrem ganzen Gewicht... und die Tropfen, die für die Gefühle an Ihnen hängen...

sind vielleicht farbig... wie in einem Regenbogen... ein Traurigkeitstropfen mag schwarz sein, braun oder grau... ein Schmerztropfen vielleicht rot wie eine Flamme... wie reine Energie... ein Freudetropfen bunt und vor allem hell... mal blasser, mal kräftiger... und so können Sie jetzt ein Stückchen tiefer in die Ruhe sinken... soweit es Ihnen eben gut tut... während Sie einfach nur hier sind... angenehm schwer und wohlig warm...

je mehr die Ruhe sich ausbreitet in Ihnen... je mehr die Vogelstimmen... Ihr Bewußtsein mit einer Melodie erfüllen können... desto mehr Tropfen fallen von Ihnen ab... verdunsten, verflüchtigen sich... wie in der Sonne eines Sommerabends... nach einem kurzen Regenschauer...

und jeder kennt das Gefühl gut... wenn ein Schmerz irgendwann nachzulassen beginnt... und die Ruhe sich in den Gedanken und Gliedern auszubreiten beginnt...

und jeder Wassertropfen löst sich irgendwann in der warmen Energie der Sonne auf... denn Zeit spielt für die Sonne keine Rolle...

und so können Sie die Leichtigkeit irgendwann spüren... die zunehmende eigene Leichtigkeit... wenn nun ein Tropfen nach dem anderen abfällt... sich auflöst... natürlich... nicht...

sofort... vollständig... Sie die Erleichterung dadurch fühlen, die Sie befreit... anfangs nur unbewußt, während das Bewußtsein vielleicht denkt, da tut sich nichts... und immer wenn Sie sich in Zukunft hinsetzen für ein bis zwei Minuten... und Ihre Schultern auch innerlich nach unten sinken lassen in ihre eigene Schwere... können Sie Ihren Atem für einen Moment loslassen... und ruhig fließen lassen... und die Alltagstropfen werden abfallen... einer nach dem anderen... zunächst wohl unbemerkt vom Bewußtsein... so daß Sie nach dieser Pause frischer und erholter aufstehen werden...

Ihre Energie... die vorher in den Tropfen und Spannungen gebunden war... wird frei und breitet sich in Ihnen immer mehr aus... anfangs vielleicht noch unmerklich... nachher im Wachzustand steht sie Ihnen schon deutlicher für Ihre Absichten zur Verfügung... wie ein unsichtbares, bisher unerkanntes Ener-giepotential...

nachdem Sie nun etwas Wichtiges erfahren haben... und die Dinge für sich unbewußt in die richtige Ordnung bringen... diese Art der Ordnung geschieht immer unbewußt... damit das Bewußtsein frei ist für seine eigenen Aufgaben... orientieren Sie sich jetzt wieder hierher zurück... schütteln sich vorher innerlich noch einmal, um noch ein paar lästige Tropfen loszuwerden... und kommen dann erleichtert, freier und beweglicher... in Ihrer eigenen Geschwindigkeit und vollständig integriert hierher zurück... um die Energie zu nutzen für freudige Dinge und für anderes, das erledigt werden muß...

Sich tragen lassen

Einmal in einer grenzüberschreitenden Vorstellung leicht und frei wie ein starker Vogel dem Alltag und den Schmerzen davonfliegen können. Sich tragen lassen von den eigenen Kräften, Vertrauen finden in sich selbst, die Welt aus anderen Perspektiven sehen und sich dabei entspannen. Diese Erfahrungen und Bilder haben nicht nur einen entspannenden Effekt, sondern auch einen positiven Einfluß auf unsere Gestaltung und Wahrnehmung unseres Alltags.

und die wohlbekannte, angenehme Ruhe kann sich jetzt in Ihnen ausbreiten... wird genau so viel tiefer... wie es im Moment für Sie angenehm ist...

so wie ein Vogel, ein großer Vogel... er läßt sich von einem Baum herunterfallen... irgendwo oben in den Bergen, in den Wäldern... vom langen Sitzen, vielleicht auch von seinem Alter hat er Schmerzen hier und da im Körper... er ist froh, sich endlich fallen lassen zu können... sich der Kraft seines unbewußten Wissens über das Fliegen anvertrauen zu können... seine Schwingen breiten sich aus und fangen seinen Fall ab, noch bevor er richtig begonnen hat... und tragen ihn ein Stück hinunter... und er wird mit jedem Meter ein Stück leichter, offener für das Neue... getragen von seinen starken Flügeln... sinkt er langsam und kontrolliert hinunter...

und er findet eine warme Luftströmung... die ihn sanft aufnimmt... und immer weiter hinaufhebt... tief in den blauen Himmel hinein... und mit jedem Meter wird er leichter... die Schmerzen können zuerst unmerklich schwächer werden... so als wären sie zu schwer, um mitgenommen zu werden... in die Tiefe des blauen Himmels...

langsam... kreist der Vogel auf der warmen Luft... höher und höher hinauf... in die Tiefe des blauen Himmels... die Geräusche am Boden rücken weg und klingen aus... einer nach dem anderen... wohltuende Stille kehrt ein... weit genug entfernt von den Dingen...

und je höher er kommt... desto weniger sieht er die kleinen Dinge unten am Boden... spürt er die Lasten des Alltags... sieht er anfangs noch jede Ameise, jedes Grasblatt mit seinen scharfen Augen... verbindet sich das alles bald zu bunten Farbkompositionen... die Grenzen verschwimmen für das Auge... für das Ohr...

und je weiter er hinauf kommt... sich hinweg tragen läßt... in die Tiefe des blauen Himmels hinein... desto mehr können sich seine Augen an das Fehlen von Grenzen gewöhnen... sich von den Einzelheiten lösen...

und irgendwann erreicht er einen Bereich... hoch oben... in der Tiefe des Himmels... wo es nicht mehr höher hinauf geht... er wird hier gehalten... von der lockernden Wärme, die von unten kommt, sanft und sicher getragen... von der Kraft und Zuverlässigkeit seines Körpers...

und er kann es sich leisten... darf es sich leisten... kann es genießen, sich dort sorglos treiben zu lassen... denn dort gibt es nichts, was ihn gefährden könnte... er läßt es mit sich geschehen, dort getragen zu werden... in der Geborgenheit der Kraft seiner Schwingen... und fast ungefiltert hat die Sonne hier oben besondere Wirkungen... strahlt ihre wohltuende Wärme tief hinein in die Gelenke... und löst, lockert und heilt auf wundersame Weise... und der Vogel läßt es geschehen... genießt die wohltuende Wirkung... befreiend, heilend wie durch eine wunderbare, göttliche Medizin...

und irgendwann hat er genug davon... für dieses Mal... dann verändert sein Unbewußtes minimal die Haltung seiner Flügel... und dadurch beginnt er kontrolliert und in aller Ruhe... in die Tiefe hinab zu gleiten... die Luft rauscht durch seine Federn... während er gelassen beobachtet, wie er sich ganz langsam dem Boden nähert... hört mehr und mehr die Stimmen anderer Vögel... die näher am Boden leben...

steuert auf eine Bergspitze zu... gleitet fast schwerelos über sie hinweg... in ein tiefes grünes Tal hinein... wird von einer anderen warmen Strömung wieder ein Stück nach oben gehoben... fliegt durch sie hindurch... und läßt sich weiter nach unten gleiten... in tiefem Vertrauen in die eigene Kraft... und der Wind nimmt nach und nach immer mehr kleine Teile des Schmerzes weg... rauscht durch die Federn hindurch und nimmt alles mit was dort nicht hingehört... der Vogel fliegt seinen Beschwerden davon... gereinigt von Sonnenwärme und Wind...

und so nähert er sich einem Bergsee... der völlig ohne Bewegung still da liegt... an der einen Seite noch vereist... an der anderen offenes Wasser... und während er über die offene Wasserfläche fliegt... ganz dicht darüber... begleitet ihn sein Spiegelbild unten im See... hinter ihm kräuselt sich das Wasser durch seinen Flugwind... werden kleine Wellen erzeugt, die sich ausbreiten...

beiläufig suchen seine Augen nach einem Fisch, den er greifen könnte...

und wie er am anderen Ende des Sees ankommt… läßt er sich elegant über das Ufer hinwegtragen… über einen Bergkamm hinweg weiter hinunter…

und die Einzelheiten auf dem Boden werden wieder deutlicher… erst die Bäume im Tal… dann die Büsche… und schließlich auch wieder Grashalme und Ameisen… sogar auch Flöhe, die dort hinten unter dem Zweig von einer Maus heruntergefallen sind, weil die Maus erschreckt vor dem großen Schatten ihres Feindes weggesprungen ist… die Flöhe retten sich auf einen Maulwurf, bevor auch er schleunigst in der Erde verschwindet…

und so landet er sicher auf einem Ast, ein Stück über dem Boden… beobachtet seine Umgebung… und genießt die Stille…

so können Sie die Ruhe in sich jetzt noch etwas genießen… möchten sich dazu vielleicht noch ein Stückchen tiefer sinken lassen…

um dann diese Dinge für den Moment in einer guten Weise abzuschließen… und sich jetzt vollständig zu integrieren… und frisch und wach hierher zurückkommen… um sich wohl zu fühlen für den Rest des Tages…

Literatur

Alman, Brian M. & Peter T. Lambrou (1995): Selbsthypnose. Ein Handbuch zur Selbsttherapie. Carl Auer Verlag, Heidelberg.

Berbalk, Heinrich & Jürgen Kempkensteffen (1994): Gastrointestinale Störungen. In: Vaitl, Dieter & Petermann, Franz (Hrsg.): Handbuch der Entspannungsverfahren, Band 2.

Bernstein, Douglas A. & Thomas D. Borkovec (1995): Entspannungs-Training. Handbuch der Progressiven Muskelentspannung. Verlag J. Pfeiffer, München

Blöschl, Lilian (1977): Lerntheoretische Grundlagen. In: Pongratz, L. J. (Hrsg.): Klinische Psychologie, 1. Halbband, Band 8, S. 634–663

Bongartz, Walter & Bärbel Bongartz (1998): Hypnosetherapie. Hogrefe Verlag, Göttingen.

Borysenko, Joan (1990): Gesundheit ist lernbar. Hilfe zur Selbsthilfe. Scherz Verlag, München.

Bühler, Karl-Ernst & Regina Biesenecker-Fjorness (1986): Behandlungsergebnisse mit dem Autogenen Training. Eine katamnestische Studie. In: Deutsches Ärzteblatt, Heft 40.

Diehl, B. J. M. (1987): Autogenes Training und gestufte Aktivhypnose. Psychophysiologische Aspekte. Springer Verlag, Berlin & Heidelberg.

Eliade, Mircea (1985): Yoga. Unsterblichkeit und Freiheit. Suhrkamp Taschenbuchverlag.

Erickson, Milton H., Ernest L Rossi & Sheila L. Rossi (1986): Hypnose. Pfeiffer Verlag München.

Erickson, Milton H. & Ernest L. Rossi (1996): Indirekte Suggestionsformen. In: Rossi, Ernest L. (Hrsg.): Gesammelte Schriften von Milton H. Erickson, Band 2. Carl Auer Verlag, Heidelberg.

Gadenne, Volker (1996): Bewußtsein, Kognition und Gehirn. Hans Huber Verlag, Bern.

Gerber, Wolf-Dieter (1994): Schmerzzustände. In: Vaitl, Dieter & Petermann, Franz (Hrsg.): Handbuch der Entspannungsverfahren, Band 2. Beltz Verlag, Weinheim.

Harnasch, P. & K. König (1996): Psychovegetativ bedingte Herz- und Kreislaufstörungen. In: Roskamm, H. und H. Reindell: Herzkrankheiten. Springer Verlag Berlin & Heidelberg.

Halama, P. (1990): Neurophysiologische Untersuchungen vor und in Hypnose am menschlichen Cortex mittels SPECT-Untersuchung-Pilotstudie. In: Experimentelle und Klinische Hypnose, Band 4, Heft 1.

Hoffmann, Bernt (1997): Handbuch Autogenes Training. Deutscher Taschenbuch Verlag, München.

Jayakar, Pupul (1988): Krishnamurti. Bauer Verlag, Freiburg im Breisgau.

Jänig, W. (1979): Vegetatives Nervensystem. In: Schmidt, R. F. (Hrsg.), Springer Verlag, Berlin & Heidelberg.

Kaluza, G. & H.-D. Basler (1991): Gelassen und sicher im Streß. Springer Verlag, Berlin & Heidelberg.

Knab, Barbara (1994): Schlafstörungen. In: Vaitl, Dieter & Petermann, Franz (Hrsg.): Handbuch der Entspannungsverfahren, Band 2. Beltz Verlag, Weinheim.

Kraft, Hartmut (1996): Autogenes Trainings. Hippokrates Verlag, Stuttgart.

Kröner, Birgit (1983): Untersuchung über den Zusammenhang von Therapieerfolg bei nicht-medikamentösen Kopfschmerzbehandlungsverfahren und der Veränderung von Persönlichkeitsvariablen. In: Psychother. med. Psychol. 33, S. 42–47, Thieme Verlag, Stuttgart.

Kröner, Birgit & Inge Steinacker (1980): Autogenes Training bei Kindern: Auswirkung auf verschiedene Persönlichkeitsvariablen. In: Psychother. med. Psychol. 30, S. 180–184, Thieme Verlag, Stuttgart.

Kruse, W. (1980): Entspannung – autogenes Training für Kinder. Deutscher Ärzte Verlag, Köln.

Langosch, W. und P. Hahn (1996): Psychosomatik des Herzinfarkts. In: Roskamm, H. & H. Reindell: Herzkrankheiten. Springer Verlag, Berlin & Heidelberg.

Lebzeltern, Gustav (1983): Wie es zum Autogenen Training kam. In: Praxis der Psychotherapie und Psychosomatik, 28, S. 240–249.

LeCron, Leslie M. (1987): Selbsthypnose. Goldmann Verlag.

Lison, Erhard (1987): Kurzzeitige kognitive Effekte in einem durch Autogenes Training veränderten Bewußtseinszustand. In: Experimentelle und klinische Hypnose, Band 3, Heft 1.

Mann, K.; Piepenhagen G.; Sikorski D., Taubert S., Bartels M. (1989): Experimentelle Untersuchung zur Stirnkühle im autogenen Training. In: Psychother. med. Psychol. 39, S. 266–267, Thieme Verlag, Stuttgart.

Nitsch, Jürgen R. (1981): Möglichkeiten und Probleme der Streßkontrolle In: Nitsch, J. R.(Hrsg.): Stress, Verlag Hans Huber, Bern.

Nitsch, Jürgen R. (1981): Streßtheoretische Modellvorstellungen. In: Nitsch, J. R. (Hrsg.): Stress, Verlag Hans Huber, Bern.

Peter, Burkhard und Christoph Kraiker (Hrsg.) (1984): Hypnose und Kognition: Hypnotherapie bei Krebserkrankungen. Milton Erickson Gesellschaft für klinische Hypnose e.V., Oktober 1984, München.

Raudszus-Nothdurfter, J. (1992): Autogenes Training bei Kindern. In: Praxis der Klinischen Verhaltensmedizin und Rehabilitation, Heft 20.

Schultz, I. H. (1987): Das autogene Training. Thieme Verlag, Stuttgart.

Simonton, O. C., Simonton S. und Creighton J. (1985): Wieder gesund werden Rowohlt, Reinbek bei Hamburg.

Susen, Gerhard R. (1990): Therapeutische Hypnose. Bibliomed, Melsungen.

Stangier, Ulrich; Gieler Uwe und Ehlers Anke (1992): Autogenes Training bei Neurodermitis. In: Z. Allg. Med., 68, S. 158–161. Hippokrates Verlag, Stuttgart.

Strandness, D. Eugene jr. (1986): Gefäßkrankheiten der Extremitäten. In: Harrison: Prinzipien der Inneren Medizin, Band 2, Schwabe & Co. AG Verlag, Basel & Stuttgart.

Thomas, Klaus (1983): Praxis der Selbsthypnose des Autogenen Trainings. Thieme Verlag, Stuttgart.

Vaitl, Dieter (1994): Herzkreislauferkrankungen. In: Vaitl, Dieter & Petermann, Franz (Hrsg.): Handbuch der Entspannungsverfahren, Band 2. Beltz Verlag, Weinheim.

Wilk, Daniel (1998): Die alltägliche Anwendung von Entspannungsverfahren ist abhängig von einer verständlichen und erfahrungsnahen Vermittlung. In: Report Psychologie, Zeitschr. d. Berufsverb. Deutscher Psychologinnen und Psychologen, Heft 11–12.

Wilk, Daniel (1999): Geschichten die Veränderungen ermöglichen. Juni Verlag.

Wichtige Adressen

Abgesehen von Kursen in Kliniken wird das Autogene Training vor allem in Volkshochschulen angeboten. Sollten Sie die Adresse eines kompetenten AT-Lehrers in Ihrer Nähe brauchen, wenden Sie sich am besten an eine der folgenden Adressen:

Für Deutschland:
Psychologischer Arbeitskreis für Autogenes Training
und Progressive Relaxation
Koogstrasse 96
D-25541 Brunsbüttel

Deutsche Gesellschaft für ärztliche Hypnose
und Autogenes Training
Postfach 5028
D-32457 Porta-Westfalica

Milton Erickson Gesellschaft
für Klinische Hypnose (M. E. G.)
Konradstrasse 16
D-80801 München

Für Österreich:
Österreichische Gesellschaft für Autogenes Training
und autogene Psychotherapie
Süßgasse 22/10
A-1150 Wien

Für die Schweiz:
Schweizerische Ärzte- und Psychotherapeuten-Gesellschaft
für Autogenes Training (SGAT)
Sekretariat: Silvia Pfister
Keltenweg 21
CH-4148 Pfeffingen

Gesellschaft für Klinische Hypnose Schweiz
GHypS Sekretariat
Apollostrasse 8
CH-8023 Zürich

Anzeigen